Mosaik
bei GOLDMANN

Buch

Die Heilwirkungen des Grapefruitkernextrakts sprechen für sich. Als natürliches Antibiotikum lassen sich u. a. Erkältungskrankheiten, Magen-Darm-Infektionen sowie innere und äußere Pilzerkrankungen behandeln. Zudem ist der Extrakt ein natürliches Desinfektionsmittel.

Jens Meyer-Wegener ist es mit diesem Ratgeber gelungen, die Fülle der teilweise widersprüchlichen Informationen zu ordnen und sachlich genau über den Grapefruitkernextrakt zu informieren: über seine Zusammensetzung und Gewinnung sowie über seine Heilwirkung. Zudem erteilt er Ratschläge und nützliche Tips zur Anwendung des Extrakts als Nahrungsmittel zur Prävention von Erkrankungen und als Heilmittel.

Autor

Jens Meyer-Wegener ist Biologe und Wissenschaftsjournalist. Er arbeitete als freier Mitarbeiter für die »Ärzte-Zeitung« und die Zeitschrift »Fortschritte der Medizin«. Seit 1993 ist er leitender Redakteur der Fachzeitschrift »Gesundes Leben«.

JENS
MEYER-WEGENER

Grapefruitkern-extrakt

Das biologische Wundermittel

Mosaik
bei GOLDMANN

Die hier vorgestellten Informationen sind nach bestem Wissen und Gewissen geprüft, dennoch übernehmen der Autor und der Verlag keinerlei Haftung für Schäden irgendeiner Art, die sich direkt oder indirekt aus dem Gebrauch der hier vorgestellten Anwendungen ergeben. Bitte beachten Sie in jedem Falle die Grenzen der Selbstbehandlung und nehmen Sie bei Krankheitssymptomen professionelle Diagnose und Therapie durch ärztliche oder naturheilkundliche Hilfe in Anspruch.

Umwelthinweis:
Alle bedruckten Materialien dieses Taschenbuches
sind chlorfrei und umweltschonend.

Erweiterte Taschenbuchausgabe Januar 1999
Wilhelm Goldmann Verlag, München

in der Verlagsgruppe Bertelsmann GmbH
Umschlaggestaltung: Design Team München
unter Verwendung folgender Fotos:
Umschlag: Guido Pretzl
Umschlaginnenseiten: Guido Pretzl
Redaktion: Ulrike Erbertseder
Textbearbeitung: Irmgard Perkounigg
DTP-Satz: Barbara Rabus
Druck: Presse-Druck Augsburg
Verlagsnummer: 16172
Kö · Herstellung: Max Widmaier
Made in Germany
ISBN 3-442-16172-X

1 3 5 7 9 10 8 6 4 2

Inhalt

Vorwort

Mit dem Thema Gesundheit ist es manchmal so wie mit der Mode: Trends kommen und gehen, und nur selten ist eine solche Modeströmung auch von Dauer. Das »Wunder aus dem Kern der Grapefruit« ist eine Substanz, die – nachdem sie jahrelang in Deutschland nur als Geheimtip einiger weniger Therapeuten galt – plötzlich sehr an Popularität gewonnen hat.

Leider hat jeder Trend auch seine Schattenseiten. Allzuschnell springen Trittbrettfahrer auf den Zug – auch dann, wenn sie eigentlich nicht genau wissen, wohin die Reise geht. Das gilt auch für den Grapefruitkernextrakt-Boom. Und so gibt es nun auf dem großen Markt der Gesundheitsratgeber auch zu diesem Thema eine Reihe von Publikationen, die wegen ihres Inhalts eigentlich unter Rezeptpflicht gestellt werden müßten: Sie enthalten zu viele Heilsversprechungen, zu viel Übertreibung und zu viel wissenschaftlich Unhaltbares.

Der Autor dieses Buches hat es geschafft, die Fülle der teilweise widersprüchlichen Informationen zu ordnen und möglichst sachlich fundiert über Grapefruitkernextrakt zu schreiben. Lohnenswert erscheint die Beschäftigung mit dem Thema allemal. Denn der Extrakt ist wohl, wie man aus den bisherigen Erfahrungen schließen kann, eine höchst interessante Nahrungsergänzung.

Dem Autor ist es auch gelungen, nicht nur das aktuelle Wissen möglichst wertfrei aufzuzeigen, sondern auch auf die Wissenslücken etwa in der Pharmakologie und bei der praktischen Anwendung hinzuweisen und so Anregungen für weitere Forschungsarbeit zu geben.

Wichtig ist, daß die Wirkungen dieses Pflanzenextrakts genauer untersucht und die Wirkstoffe isoliert werden. Außerdem sollte der Nutzen des Grapefruitkernextrakts bei unterschiedlichen Anwendungen genau geprüft werden.

Und trotz aller positiven Erfahrungsberichte darf nicht vergessen werden, daß Grapefruitkernextrakt kein Allheilmittel ist und nicht die Beratung und Behandlung eines Arztes ersetzen darf.

Prof. Dr. med. M. Hörning

Grapefruitkernextrakt – die Entdeckung einer »biologischen Sensation«

Die Geschichte von den sensationellen Wirkungen des Grapefruitkernextrakts ist noch keine zwanzig Jahre alt. 1980 erst soll der amerikanische Mediziner Dr. Harich durch Zufall auf die antibakterielle Wirkung des Samenextrakts gestoßen sein – ganz banal im Garten. Auf seinem Komposthaufen verrotteten die Grapefruitkerne nicht. Warum – das war die Frage, der sich der auch in Physik ausgebildete Mediziner dann widmete. Er entwickelte ein Herstellungsverfahren, bei dem nicht nur ein einfacher Extrakt hergestellt wird, sondern bei dem der für die Wirkungen verantwortliche Inhaltsstoff der Grapefruitkerne freigesetzt wird. In den folgenden Jahren wurde in den USA eine Fülle von Untersuchungen mit diesem Grapefruitkernextrakt vorgenommen. Viele Forschungsstätten, darunter auch so renommierte wie das Institut Pasteur in Paris, belegten, daß der Extrakt im Reagenzglas eine hervorragende Wirksamkeit gegen ein breites Spektrum schädlicher Bakterien, Viren und Pilze aufweist. So entstand das Schlagwort vom »natürlichen Antibiotikum«. Auch in einigen klinischen Studien mit Patienten ließen sich diese Effekte nachweisen.

Der Grapefruitkernextrakt, den Harich entwickelte, ist aber nicht nur sehr wirksam im Kampf gegen Krankheitserreger und Keime aller Art, er weist darüber hinaus – anders als etwa viele synthetische Antibiotika – so gut wie keine Nebenwirkungen auf. Umfangreiche Toxizitätsstudien zeigten zudem, daß es praktisch unmöglich ist, sich mit Grapefruitkernextrakt zu vergiften, da die schädliche Dosis extrem hoch ist.

Kein Wunder also, daß in den USA schon bald Ärzte begannen, Grapefruitkernextrakt einzusetzen. Die Erfahrungen waren sehr positiv, sogar ein Mitarbeiter der FDA (Food and Drug Administration, dem ehemaligen Bundesgesundheitsamt bei uns vergleichbar) lobte die Wirksamkeit von Grapefruitkernextrakt bei Darmerkrankungen.

Doch nicht nur Ärzte nutzen die Wirkungen des Extrakts, auch und besonders die Verbraucher selbst lernten die positiven Eigenschaften zu schätzen. In den USA sind entsprechende Präparate bereits in vielen Läden erhältlich. Sie werden vom Anwender zur Gesunderhaltung und Krankheitsvorbeugung, als Desinfektionsmittel und auch als Therapeutikum zur Behandlung von Befindlichkeitsstörungen und Erkrankungen eingesetzt.

Es dauerte nicht lange, bis die positiven Eigenschaften des Grapefruitkernextrakts auch bei Tieren genutzt wurden. Schweine, Rinder, Pferde, aber auch Kleintiere wie Katzen und Hamster und sogar Zierfische erhalten den Extrakt. Nicht weit war der Weg von der Anwendung in der Massentierhaltung zur Anwendung in der Landwirtschaft. Es hat sich gezeigt, daß viele Erreger, die Pflanzen befallen können, ebenfalls empfindlich auf den Extrakt reagieren. Grapefruitkernextrakt wird daher als natürliches Schädlingsbekämpfungsmittel bei Nutzpflanzen eingesetzt und auch, um zum Beispiel Rosen vor Pilzbefall zu schützen.

Last but not least wurde in Amerika erprobt, ob Grapefruitkernextrakt nicht auch zur Konservierung geeignet wäre. Wie erwartet, zeigten sich auch in diesem Anwendungsbereich die positiven Eigenschaften. Vor allem in Mittel- und Südamerika wird daher der Extrakt verwendet, um landwirtschaftliche Produkte vor der Zersetzung durch Schimmelpilze und Bakterien zu bewahren. Mittlerweile werden nicht nur Lebensmittel damit vor unerwünschten Keimen geschützt: Es gibt viele Kosmetika, die mit Grapefruitkernextrakt ohne weitere synthetische Zusätze haltbar gemacht werden und darüber hinaus noch zusätzlich positive Wirkungen auf die Haut entfalten.

Nachdem sich im Ursprungsland die Anwendung des Grapefruitkernextrakts etabliert hatte, dauerte es doch einige Jahre, bis die Kunde davon auch nach Deutschland vordrang. Hier war es vor allem eine kleine Gruppe klassisch homöopathisch arbeitender Therapeuten, die Berichte über die positiven Wirkungen dieses Extrakts auf Weiterbildungsveranstaltungen vermittelt bekamen. Mehrere Jahre wurde dann dieser Extrakt unter dem Namen NutriBiotic als eine Art Geheimtip gehandelt. Vor vier Jahren schließlich erschien dann ein ganz kurzer Bericht in einer auflagenstarken Boulevardzeitung, der Grapefruitkernextrakt etwas bekannter machte. Aber erst mit dem Erscheinen eines Buches mit dem Titel *Das Wunder im Kern der Grapefruit* begann der Extrakt, sich vom Geheimtip zum vielzitierten Wundermittel zu wandeln. Kein Wunder also, daß auch die Zahl der Anbieter sprunghaft stieg: Gab es Anfang 1995 nur eine Firma, die Grapefruitkernextrakt als Nahrungsergänzungsmittel aus den USA importierte, waren es im Frühjahr 1997 bereits rund dreißig Anbieter in Deutschland.

Mit der Fülle von Anbietern gab es aber nicht etwa ein breiter gefächertes Angebot. Das einzige, was mit dem immer noch steigenden Angebot wirklich ansteigt, ist die Verwirrung beim Anwender. Die einen bieten einen sehr teuren Extrakt an und werben damit, daß sie nur aus den Kernen hergestellten Extrakt vertreiben (was nicht richtig ist). Die anderen schwören darauf, daß ihr Extrakt aus besonders auserlesenen Grapefruits stammt. Kaum ein Käufer und wahrscheinlich nicht einmal alle Händler wissen, daß bis Anfang 1997 alle Anbieter ein- und denselben Grundstoff verarbeiteten. Denn letztlich kauften bis dahin alle Vertreiber bei dem für Europa wichtigsten Anbieter von Grapefruitkernextrakten: Bio-

Chem Research in den USA. Unterschiede in den hier erhältlichen Extrakten gibt es natürlich: Sie betreffen die Verdünnung des Grundextrakts und natürlich auch die Verdünnungsmittel. (Lesen Sie im Kapitel »Der Extrakt – was er ist und wie er wirkt«, was die optimale Verdünnung und welches das optimale Verdünnungsmittel ist.)

Erst im Frühjahr 1997 kam etwas Bewegung in den Markt, da in vielen Proben Grapefruitkernextrakt Rückstände von Konservierungsmitteln gefunden wurden, die dort natürlich nicht hingehören. Im April 1997 hat – soweit mir bekannt wurde – eine Firma einen Weg gefunden, Grapefruitkernextrakt nachweislich ohne Rückstände zu produzieren. Seit diesem Zeitpunkt gibt es wirklich unterschiedliche Grapefruitkernextrakte auf dem bundesdeutschen Markt. Wie Sie die Qualität der Extrakte beurteilen können und welche Zubereitungen den größten Nutzen versprechen, erfahren Sie in den nächsten Kapiteln.

Citrus paradisi – die Grapefruit

Die Grapefruitpflanze ist eine von weit über sechzig verschiedenen Zitrusarten aus der Familie der Rautengewächse. Oft wird sie fälschlicherweise als Pampelmuse bezeichnet. Es handelt sich hierbei um zwei nahe verwandte, aber dennoch verschiedene Pflanzenarten. Weitere bekannte Familienangehörige sind Orange, Mandarine, Zitrone, Limone und Bergamotte.

Eine Pflanze …

Zitrusfrüchte sind eine besondere Art von Beeren. Die Grapefruit ist wesentlich größer als ihre bekanntere Schwester, die Apfelsine. Sie hat eine platt-runde Form und eine zitronengelbe Schale. Je nach Züchtung beträgt ihr Durchmesser 10 bis 20 Zentimeter und ihr Gewicht 200 bis 450 Gramm. Innerhalb der Rautengewächse wird sie nur von der 2 bis 6 Kilogramm schweren Pampelmuse übertroffen. Die Schale der Grapefruit besteht aus zwei Schichten. Die äußere ist durch Carotinoide, einer Gruppe von Pflanzenfarbstoffen, gelb gefärbt. Sie wird Flavedo genannt. Die innere, weiße Schicht heißt Albedo. Das Flavedo ist das Ausgangsprodukt für das wohlriechende ätherische Grapefruitschalenöl. Das Albedo dient zusammen mit den Samen der Frucht zur Gewinnung des Grapefruitkernextrakts. Das saftige Fruchtfleisch besteht aus mehreren Segmenten, die mit vielen sogenannten Saftschläuchen gefüllt sind. Die zahlreichen Kerne, die zur Fortpflanzung dienen, sind weiß.

Der Grapefruitbaum hat dunkelgrüne, ovale, glänzende Blätter, die mit Öldrüsen ausgestattet sind. Die weißen, duftenden Blüten besitzen fünf Kronblätter, die in Blütenständen angeordnet sind. Die ersten Früchte entwickeln sich nach vier bis sieben Jahren. Pro Jahr wachsen etwa 500 bis 700 Grapefruits auf einer Pflanze, das entspricht etwa 300 Kilogramm Früchten pro Saison. Während der Reifung der Früchte steigert sich ihr Wasser- und Fruchtzuckergehalt, wobei die Säurekonzentration abnimmt. Die geernteten Früchte können nicht nachreifen, bleiben aber im reifen Zustand am Baum über mehrere Monate frisch, so daß sie im Laufe der Saison bei Bedarf geerntet werden können. Zum gesunden Wachstum benötigen die Grapefruitbäume viel Sonne und Feuchtigkeit. Daher können sie in subtropischen Gebieten besonders gut gedeihen.

... mit besonderem Namen ...

Der Name Grapefruit leitet sich wahrscheinlich von den englischen Begriffen »grape« für Traube und »fruit« für Frucht ab und spielt auf die traubenartigen Büschel an, in denen die Grapefruits in den Bäumen hängen. Aus der Schrift *Flore des Antilles* des Chevalier F. R. de Tussac von 1824 läßt sich entnehmen, daß dieser Name auf den Westindischen Inseln entstanden sein muß, denn er wird in keiner der älteren Quellen erwähnt. Die synonyme Bezeichnung der englischsprachigen Jamaikaner aus dieser Zeit – »forbidden fruit« (verbotene Frucht) – erklärt den lateinischen Namen dieser Pflanze, »Citrus paradisi«. Sollte der Name vielleicht ein gutes Omen für die wertvollen Inhaltsstoffe der Grapefruit sein?!

... ungeklärter Geschichte ...

Über die Geschichte der Grapefruit ist wenig bekannt. Historisch ist es schwierig, Grapefruit und Pampelmuse zu trennen, da die Begriffe von verschiedenen Autoren synonym verwendet wurden. Die Citrusarten Pomeranze und Zedratzitrone gelangten bereits im Altertum aus ihrer südostasiatischen Heimat in das Mittelmeergebiet und nach Ostafrika. Vermutlich wurden sie dort als Heilpflanzen verwendet. Die Obstformen wurden im 12. Jahrhundert von Genuesen und Portugiesen nach Südeuropa und später in andere Teile der Welt eingeführt. Nach den Trauben sind sie wirtschaftlich zur wichtigsten Obstart geworden. Viele Formen entwickelten sich erst in ihrer neuen Heimat, unter anderem auch die Grapefruit: Erst 1750 soll sie aus einer Kreuzung zwischen Pampelmuse und Apfelsine auf den Westindischen Inseln entstanden sein und gilt heute als eigene botanische Art.

Andere Quellen vermuten, daß die Grapefruit mit einer Schiffsladung Pampelmusensamen aus Fernost unbemerkt auf die Antillen gelangt sei. 1830 wurde sie von James Macfayden als eigene Art erkannt. Seit 1880 wird sie zu Handelszwecken in Florida kultiviert. Dorthin gelangte sie durch Graf Odet Philippe, der als Chefchirurg der Marine Napoleons in der Schlacht von Trafalgar 1804 von den Briten gefangengenommen und in das Exil auf die Bahamas geschickt worden war. Nach zwei Jahren wurde er freigelassen und ließ sich in Charleston, South Carolina, nieder, wo er sich als praktischer Arzt und Pflanzenzüchter betätigte. Am Indian River in Florida zog er aus Pflänzchen und Samen, die er auf den Bahamas gesammelt hatte, eine Zitrusplantage heran. Später mußte er Haus und Wäldchen an der Ostküste wegen eines bevorstehenden Angriffs durch feindlich gesinnte Indianer verlassen. Er konnte sich und seine Familie retten, sein Haus und das Wäldchen wurden jedoch niedergebrannt. In der Nähe von Safety Harbor legte er 1823 in der Tampa Bay erneut einen Zitrushain an. Einige der Pflanzen, die direkt von den Bahamas geholt wurden, waren Grapefruits. Allem Anschein nach waren die Grapefruits Odet Philippes die ersten in Florida. Er verschenkte die Samen der Früchte an Freunde und Nachbarn und etablierte die Grapefruit als Quelle für ein erfrischendes und belebendes Getränk. An den kommerziellen Wert dieser Frucht dachte zunächst niemand. Erst in den Jahren 1880 bis 1885 wurden die ersten Schiffsladungen nach New York und Philadelphia gebracht – mit schlechtem Gewinn. Nachdem die Grapefruit als Frühstücksfrucht jedoch immer beliebter geworden war, erzielte sie auch immer höhere Preise. Später erfolgte ihr Anbau auch in den Südstaaten der USA, in Kalifornien, Israel und Südafrika. Heute sind die bis zu zehn Meter hohen Grapefruitbäume in vielen subtropischen Gebieten heimisch. In neuerer Zeit werden sie auch in Ländern mit tropischem Klima angebaut.

... und vielseitigen Verwendungsmöglichkeiten

Am häufigsten werden die Sorten »Duncan«, »Walters« und »McCarty« kultiviert, die im Gegensatz zu der Varietät »Marsh seedless« Kerne enthalten. Besondere Züchtungen wie »Thompson«, eine Knospenmutation der Sorte »Marsh«, besitzen ein rosafarbenes Fleisch und sind samenlos.

Die Bäume treiben dreimal im Jahr neue Blätter. Im subtropischen Klima ist der Frühjahrstrieb der stärkste. Die zweiten und dritten Triebe sind unregelmäßiger und weisen wesentlich weniger Blüten auf.

Gut tragende Grapefruitpflanzungen liefern etwa vierzig Tonnen Früchte pro Hektar und können über zwanzig bis vierzig Jahre ökonomisch produzieren. Ihre wirtschaftliche Bedeutung liegt hinter der von Apfelsine und Mandarine, hat in den letzten Jahren jedoch stark zugenommen. In Florida werden pro Jahr über 2,5 Millionen Tonnen Grapefruits geerntet. Neben dem Frischfruchtverkauf spielt die Gewinnung von Säften und Konzentraten eine zunehmende Rolle. Sie werden vornehmlich in der Getränkeindustrie verwertet und sind in den USA besonders beliebt. Die Schale der Grapefruit gilt als wichtigster Lieferant des Quellstoffs Pektin. Weitere Nebenprodukte sind das aromatische Grapefruitschalenöl, das

Eingang in die Aromatherapie und Parfümindustrie gefunden hat, und die medizinisch verwendeten Flavonoide Hesperidin und Naringin. Hesperidin wird auch als Vitamin P bezeichnet und kommt aufgrund seiner kapillarabdichtenden Eigenschaften bei oberflächlichen Krampfadern und »schweren Beinen« zum Einsatz.

Erst in neuerer Zeit richtet sich das Interesse von Heilkundigen und informierten Laien immer mehr auf den Extrakt aus den Kernen der Grapefruit.

Der Extrakt – was er ist und wie er wirkt

Mit dem Grapefruitkernextrakt (im Buch oft einfach mit GKE abgekürzt) hat uns die Natur ein Produkt zur Verfügung gestellt, das auf natürliche Weise und ohne schädliche Nebenwirkungen eine wachstumshemmende Wirkung auf nahezu alle Bakterien, Pilze, Viren und Parasiten, die für Mensch und Tier gefährlich sind, besitzt. Dank dieser Eigenschaften wird der Extrakt heute zur Vorbeugung und Behandlung unterschiedlichster Erkrankungen eingesetzt. Ferner eignet er sich zum Schutz von Tieren und Pflanzen in der Landwirtschaft, zur Aufbereitung von Trinkwasser und als Zusatz in zahlreichen Kosmetikprodukten. Der genaue Wirkungsmechanismus dieser hoffnungsvollen Substanz ist noch nicht bekannt. Der positive Effekt auf den menschlichen Körper kann bisher nur auf die einzelnen Inhaltsstoffe und ihr gemeinsames Vorkommen in diesem interessanten Wirkstoffkomplex zurückgeführt werden. Zur Erklärung der antimikrobiellen Wirkungsqualitäten wurde eine Hypothese aufgestellt, auf die an anderer Stelle eingegangen werden soll. Derzeit arbeiten zahlreiche renommierte Institute und Laboratorien in unterschiedlichen Untersuchungen und Testreihen an der Entwicklung weiterer Anwendungsmöglichkeiten des wertvollen Extrakts und an der Aufklärung seiner Wirksamkeit.

Die Herstellung

Als Ausgangsmaterial für die Herstellung von Grapefruitkernextrakt dient der Preßrückstand, der bei der Grapefruitsaftproduktion anfällt. Die Früchte werden maschinell geschält, damit die ätherischen Öle aus der äußeren, gelben Schale nicht in den Extrakt gelangen. Dann werden die Früchte gepreßt und der Saft abfiltriert. Die zurückbleibenden weißen Schalenanteile und die Kerne dienen als Ausgangsprodukt für den GKE. Es ist praktisch unmöglich und macht auch keinen Sinn, für die Extraktproduktion die Kerne aus dem Preßrückstand herauszulesen. Glauben Sie daher keinem Händler, der als Scheinvorteil seines Produkts herausstreicht, der Extrakt würde aus den reinen Kernen hergestellt.

In großen Industrieanlagen wird der Preßkuchen zerkleinert, homogenisiert und mit einer Glyzerol-Wasser-Mischung extrahiert. Am Ende eines anschließenden mehrstufigen Verfahrens, das im Detail vom Hersteller nicht bekanntgegeben wurde, entsteht eine zähe, wasserlösliche Masse mit einer Vielzahl verschiedener Inhaltsstoffe. Alle Bestandteile sind laut Angaben des Herstellers pflanzlichen Ursprungs. Nun ist bereits mehrfach empfohlen worden, einfach selber Grapefruitkerne zu trocknen, kleinzumahlen und einzunehmen. Das Ergebnis dieser »Heimarbeit« scheint aber deutlich weniger wirksam zu sein als der industriell hergestellte Extrakt. Durch das einfache Mahlen und Quetschen wird nur die grobe Struktur des Kerns zerstört. Der bzw. die Wirkstoffe werden auf diese Weise nicht für den Körper verfügbar gemacht. Außerdem ist nicht genau bekannt, welche Reaktionsschritte – unter Umständen unter Hinzufügung anderer Substanzen – bei der Herstellung des Original-Grapefruitkernextrakts erfolgen. Möglicherweise entstehen in diesem noch geheimgehaltenen Produktionsprozeß Wirkstoffe, die in dieser Form in den Kernen gar nicht enthalten sind. Strenggenommen könnte man sagen, daß der Original-Grapefruitkernextrakt wahrscheinlich gar kein reiner Naturextrakt mehr ist.

Die wichtigsten Inhaltsstoffe

Die qualitative Zusammensetzung der Grapefruitkernextrakt-Lösung und des -Pulvers ist identisch. Quantitativ unterscheiden sich die beiden Zubereitungen erwartungsgemäß aufgrund ihrer unterschiedlichen Beschaffenheit. Beide Präparate enthalten getrocknete Grapefruitkerne und -schalen, Ascorbinsäure (Vitamin C), Dextrose (Glukose), Zitrusflavonoide und das Extraktionsmittel Glyzerol 85%. Die besonderen Wirkungsqualitäten des Extrakts werden durch die Kombination von Vitamin C und den Flavonoiden erreicht. Diese Substanzen haben bereits bei Einzelanwendung viele positive Wirkungen auf den Körper. Ihre Kombination macht sie jedoch zu einem unschlagbaren Team in der Anregung der körpereigenen Abwehrkräfte und der Bekämpfung schädlicher Einzeller und Parasiten.

Fast alle Lebewesen sind in der Lage, das lebensnotwendige Vitamin C im Körper selbst herzustellen. Zu den wenigen Ausnahmen gehört neben den Meerschweinchen und Affen leider auch der Mensch. Daher sind wir auf die äußere Zufuhr ausreichender Mengen angewiesen. Durch die Abgabe von zwei Wasserstoffatomen ist die Ascorbinsäure in Dehydroascorbinsäure umwandelbar. Dieser Vorgang kann bei Bedarf wieder rückgängig gemacht werden. Auf diesem Weg können für den Körper gefährliche Stoffe, sogenannte Radikale, unschädlich gemacht werden. Ferner kommt der Ascorbinsäure bei zahlreichen wichtigen biochemischen Reaktionen in unserem Körper Bedeutung zu: Sie ist beteiligt an der Bildung von Nebennierenrindenhormonen wie Cortison und dem für den Wasser- und Mineralhaushalt verantwortlichen Aldosteron. Durch seine Aufgabe bei der Kollagenbildung ist Vitamin C für ein intaktes Knorpelgewebe unentbehrlich und schützt durch Abdichtung der Blutgefäße vor Ödemen und Krampfadern. Der Blutgerinnungsfaktor Thrombin wird durch Ascorbinsäure aktiviert, was zur Folge hat, daß Wunden bei Vitamin-C-Mangel länger bluten und schlechter heilen. Ein weiterer, wichtiger Effekt: Durch den günstigen Einfluß auf die Eisenaufnahme aus der Nahrung beeinflußt die Ascorbinsäure auch die Bildung der roten Blutkörperchen, die für die Sauerstoffversorgung und damit für unsere Leistungsfähigkeit verantwortlich sind.

Durch intensive Sonneneinstrahlung, Tabakrauch und andere Umweltgifte kommt es im Körper zur Bildung der erwähnten Radikale, die an der Entstehung von Entzündungen und Krebszellen maßgeblich beteiligt sind. Als Radikalfänger ist Vitamin C in der Lage, diese aggressiven Verbindungen abzufangen. Dadurch werden die körpereigenen Freßzellen vor der Zerstörung geschützt und die Abwehrkräfte gesteigert.

Flavonoide ist die Sammelbezeichnung für eine Gruppe von Pflanzeninhaltsstoffen, die in oberirdischen Pflanzenteilen vorkommt. In der Grapefruit sind in erster Linie die Substanzen Naringin, Isosakuranetin (Didymin), Neohesperidin, Hesperidin, Limonin, Dihydrokämpferolglykoside, Poncirin, Quercetinglykoside, Kämpferolglykoside, Apigeninrutinosid, Rhoifolin, Heptamethoxyflavonoid und Nobiletin vertreten. Für den bitteren Geschmack des Grapefruitkernextrakts sind Naringin, Poncirin und Neohesperidin verantwortlich, da diese Neohesperidose enthalten. Neohesperidose ist eine Zuckerkomponente, die Flavonoide wider Erwarten bitter schmecken läßt.

Flavonoide wirken gefäßabdichtend und schützen so vor Wasseransammlungen im Gewebe (sogenannte Ödeme). Durch ihre Eigenschaften als Radikalfänger unterstützen sie die körpereigene Abwehr. Darüber hinaus stimulieren die Flavonoide das Immunsystem des Darms, indem sie ihn zur Produktion einer breiten Palette von Antikörpern anregen. Diese Antikörper können Antigene – das sind Substanzen, die der Körper als potentiell gefährlich einstuft –

schnell eliminieren. Das Abwehrsystem ist dadurch besser auf den Angriff schädlicher Substanzen und Mikroorganismen vorbereitet.

Einige Flavonoide (unter anderem Kämpferol und Nobiletin) sind in der Lage, das Wachstum von Bakterien, Pilzen und Viren zu hemmen. Bakterien, Pilze und Viren enthalten im Gegensatz zu den höher entwickelten Pflanzen von Natur aus keine Flavonoide. Werden sie mit bestimmten Vertretern der Flavonoide konfrontiert, sterben sie ab. Mensch und Tier hingegen profitieren von den vielfältigen Wirkungen dieser Stoffklasse.

Anhand zahlreicher Untersuchungen konnte gezeigt werden, daß Vitamin C in Form von Früchten eine bessere Wirksamkeit erzielt als die Einnahme reiner, isolierter oder synthetisch hergestellter Ascorbinsäure. Zurückgeführt wird dieses Phänomen auf das gemeinsame Vorkommen von Vitamin C und Flavonoiden, die sich in ihrer Wirkung gegenseitig überadditiv – das heißt mehr als durch die Wirkung der Einzelsubstanzen erwartet – verstärken.

Ganz aktuell wird über einen weiteren Inhaltsstoff des Grapefruitkernextrakts in Fachkreisen diskutiert. Noch ist es wohl nicht gelungen, diesen Wirkstoff völlig zu isolieren und zu entschlüsseln. Er ist aber – soviel ist bereits bekannt – eine Stickstoffverbindung (sogenannte quaternäre Verbindung) und soll wesentlich an der keimtötenden Wirkung des Extrakts mitbeteiligt sein.

Grapefruitkernextrakt enthält diese wertvollen Bestandteile als Wirkstoffkomplex in konzentrierter Form und ist daher für die Regeneration und Gesunderhaltung unseres Körpers bestens geeignet.

Damit der Extrakt nicht durch Zerstörung der Ascorbinsäure inaktiviert wird, sollte er nicht in Metallgefäßen, sondern nur in Plastik- oder Glasbehältern verschlossen, kühl und lichtgeschützt gelagert werden. Der Sauerstoffgehalt der Luft baut das Vitamin sonst schnell zu einer unwirksamen Verbindung ab. Diese Reaktion wird durch die Gegenwart von Metallionen noch zusätzlich beschleunigt.

Aus dem gleichen Grund scheint es wenig sinnvoll zu sein, Grapefruitkernextrakt mit Wasser zu verdünnen und dann länger zu lagern. Einige Vertreiber in Deutschland machen aber genau dieses, weil dadurch die Verarbeitung des Extrakts billiger wird und der mit Wasser verdünnte Extrakt auch besser tropft als der mit Glyzerol verdünnte. Da aber Wasser immer freie Sauerstoffionen enthält, muß mit einem Wirkstoffverlust gerechnet werden, wenn der Extrakt mit Wasser verdünnt und dann wochenlang gelagert wird.

Natürlich können und sollen Sie Grapefruitkernextrakt vor der Anwendung mit Wasser oder Fruchtsaft verdünnen. Diese verdünnten Lösungen sind vor der Anwendung frisch zuzubereiten! Innerhalb von Minuten ist kein Wirkstoffverlust zu befürchten.

Für das Pulver gilt ferner, daß es trocken aufzubewahren ist. Am besten eignet sich dazu das Originalgefäß. Ein weiterer Vorteil ist, daß auf diesem Gefäß die genaue Bezeichnung des Extrakts vermerkt ist, so daß Verwechslungen ausgeschlossen sind. Das für das Pulver Gesagte gilt ebenfalls für die Tabletten mit dem Wirkstoff Grapefruitkernextrakt. Der Vorteil der Tabletten ist, daß der Wirkstoff in der einzelnen Tablette standardisiert ist, das heißt: Jede Tablette enthält genau eine bestimmte Menge Wirkstoff. Das erleichtert die Dosierung.

Pulver und – noch mehr – die Tabletten haben den Vorteil, daß der typische bittere Geschmack kaum bzw. gar nicht zu schmecken ist. Bei vorschriftsmäßiger Lagerung sind die Lösung mindestens zwei Jahre und das Pulver drei Jahre haltbar. Nach Anbruch sollten die Produkte innerhalb kurzer Zeit (maximal sechs Monate) aufgebraucht werden.

Der Vollständigkeit halber sei erwähnt, daß zeitweise auch Kapseln mit dem Inhaltsstoff Grapefruitkernextrakt im Handel waren. Diese enthielten aber zusätzlich einen pflanzlichen Arzneistoff – eine Kombination also, die vom Gesetzgeber hier in Deutschland nicht erlaubt ist. Darüber hinaus erscheint es auch nicht sinnvoll, feststehende Kombinationen von Wirkstoffen in eine Kapsel zu packen. Wer unbedingt mehrere Wirkstoffe gemeinsam einnehmen will, der sollte dies lieber mit Einzelpräparaten tun, die sich dann besser dosieren lassen.

Wirkungen und Studienergebnisse

Nach der Entdeckung seiner vielversprechenden Eigenschaften durch den Arzt und Physiker Harich wurde die Wirkung des Grapefruitkernextrakts in zahlreichen Untersuchungen überprüft. Dabei eröffnete sich eine Fülle von Anwendungsmöglichkeiten. Der Extrakt erwies sich als sehr starkes und gleichzeitig unbedenkliches antimikrobielles Mittel – vielleicht als das beste unter den bisher entdeckten Substanzen. Im Vergleich zu gewöhnlichen Antibiotika vernichtet der Grapefruitkernextrakt nicht nur Bakterien, sondern auch zahlreiche Viren, Schimmelpilze, Hefen, Parasiten und Würmer.

Er ist – zumindest zum größten Teil – natürlicher Herkunft und dabei wesentlich wirksamer als das berühmte Teebaumöl. Im Gegensatz zu diesem kann er nicht nur äußerlich, sondern auch innerlich angewandt werden. (Eine kurze Anmerkung: Teebaumöl wird von vielen Anwendern natürlich innerlich eingenommen; als ätherisches Öl ist dies aber – entgegen allen anderslautenden Empfehlungen – auf keinen Fall zu raten. Ätherische Öle sind nicht zur inneren Anwendung gedacht!)

Die positiven Behandlungsergebnisse und die Unbedenklichkeit auch bei längerer Anwendung ermutigten zahlreiche Ärzte und Naturheilkundige, ihren Patienten Grapefruitkernextrakt zu verordnen. Die Einsatzgebiete waren vielfältig und die Ergebnisse überwältigend: Halsschmerzen und Erkältungen wurden nach einmaliger Anwendung weniger Tropfen Extrakt gestoppt. Magen- und

Extrakt ist nicht gleich Extrakt
Grapefruitkernextrakt gibt es in Deutschland zur Zeit in vielen Versionen mit dem gleichen Namen: als unverdünnten Originalextrakt aus den USA, und – von einer englischen Firma weiterverarbeitet und mit Glyzerol gemischt – als verdünnten Extrakt. Beide Versionen enthalten wahrscheinlich chemische Konservierungsmittel. Meiden Sie daher Produkte, die Citricidal™ oder DF-100 enthalten. Etwas verwirrend: Der in Reformhäusern und Naturkostläden vertriebene Extrakt »Citricidal 33« stammt aus Deutschland und ist rückstandsfrei!

Darmerkrankungen konnten wegen seiner Wirksamkeit gegen Salmonellen, Shigellen und fäkale Kolibakterien geheilt werden. Der innere Befall mit dem Hefepilz *Candida albicans* wurde innerhalb kürzester Zeit dauerhaft verhindert.

Der therapeutische Bereich des Grapefruitkernextrakts liegt bei 0,1 bis 0,4 Gramm pro Tagesdosis – das entspricht 1 bis 4 Tabletten oder 9 bis 24 Tropfen Extrakt (wie beispielsweise Citricidal 33, Citricidol® oder GSE, CitroBiotic®).

Einige Fallbeispiele ...

Im folgenden Abschnitt sollen einige Beispiele für die hervorragenden Therapieerfolge genannt werden: Dr. Parish, Arzt und Wissenschaftler des amerikanischen Gesundheitsamts (Department of Health) und der amerikanischen Arzneimittelzulassungsbehörde FDA (Food and Drug Administration), behandelte viele Menschen mit Magen- und Darmbeschwerden. Nach seiner Aussage verschafft der Grapefruitkernextrakt selbst bei so ernsten Erkrankungen wie Ruhr eine größere Linderung der Symptome als jede andere Behandlung.

Während einer Südamerikareise betreute ein Arzt aus Orlando eine Gruppe von 38 Patienten. Eine Hälfte der Gruppe erhielt prophylaktisch gegen Reisediarrhö Grapefruitkernextrakt. Von diesen erkrankte niemand, während die übrigen Patienten ständig mit Durchfall zu kämpfen hatten.

Aus Peru wurde berichtet, daß dort viele junge Alpakas an Darminfektionen mit Entero- und Kolibakterien starben. Auch Impfungen und Antibiotika konnten die wertvollen Lamas nicht retten. Ein Immunologe der University of San Marcos in Lima behandelte die Tiere schließlich mit Grapefruitkernextrakt. Die Sterblichkeit konnte von über fünfzig auf weniger als zwei Prozent gesenkt werden.

Bei 297 Patienten, die wegen einer chronischen Candidose mit dem Extrakt behandelt wurden, trat nur bei einem Patienten kein Therapieerfolg ein. Alle anderen wurden durch die zweimal tägliche Einnahme weniger Tropfen geheilt.

Zwanzig Frauen mit chronischer Vaginalcandidose (Hefepilzinfektion der Scheide) wurden an der Universidad Autónoma de Nuevo León, Mexiko, mit Grapefruitkernextrakt behandelt. Die Patientinnen erhielten den Extrakt alle zwölf Stunden über drei Tage. Von den zwanzig Frauen wurden fünfzehn bereits nach der ersten Behandlung geheilt. Vier Patientinnen erhielten eine weitere Behandlung, bis klinische und mikrobiologische Untersuchungen einen negativen Befund lieferten. Bei der letzten Patientin wurde der Ehepartner im dritten Behandlungszyklus ebenfalls therapiert. Er erhielt eine äußerliche Behandlung mit einer verdünnten Lösung des Extrakts. In den Laboruntersuchungen der Vaginalabstriche dieser Patientin konnten nach dieser Maßnahme ebenfalls keine Pilze mehr nachgewiesen werden. Keine der Frauen klagte während der Behandlung über Nebenwirkungen.

Chronische Vaginalcandidosen treten fast immer zusammen mit

Candidainfektionen im Darm auf. Die Pilzerkrankung kann dann häufig nicht geheilt werden, wenn nur eine Behandlung der Scheide erfolgt.

Durch den Grapefruitkernextrakt steht nun ein Mittel zur Verfügung, das diesen allgegenwärtigen Hefepilz nicht nur bei äußerlicher Anwendung, sondern auch innerlich zuverlässig vernichtet. Die permanente Wiederansteckung des Genitalbereichs wird dadurch unterbunden. Der Extrakt ist eine natürliche Waffe gegen Candidosen aller Art. Auch gegen Zahnfleischentzündungen, bestimmte Hauterkrankungen sowie Fuß- und Nagelpilze erwies sich GKE als wirksam. Hier wird er äußerlich angewandt. Mit ein wenig Geduld können sogar die virusbedingten Warzen erfolgreich therapiert werden.

Bei der Behandlung des atopischen Ekzems konnte die Anzahl der unerwünschten Keime *Candida albicans* und *Escherichia coli* im Stuhl drastisch reduziert werden. Die Bakterien der natürlichen Darmflora, Laktobazillen und Bifidobakterien, wurden hingegen fast nicht beeinflußt. Dieses ist ein weiterer entscheidender Vorteil des Grapefruitkernextrakts gegenüber den üblichen Antibiotika. Alle Patienten berichteten von einer Linderung ihrer Beschwerden. Durchfall, Verstopfung, Blähungen und Bauchschmerzen gingen zurück – die Behandelten konnten endlich wieder durchschlafen.

Im Krankenhaus der Pasteur-Instituts in Nairobi untersuchten Wissenschaftler die Wirkung des Extrakts bei den besonders infektgefährdeten HIV-Patienten. Ihr Gesundheitszustand besserte sich durch die regelmäßige Anwendung weniger Tropfen des Extrakts nachhaltig. Zweitinfektionen und Soorbefall gingen zurück. Selbst bei langjähriger Anwendung traten weder Resistenzentwicklungen noch Nebenwirkungen auf.

In Miami behandelten HIV-Infizierte ihren Mundsoor mit extrakthaltigen Spülungen. Die Therapie wurde mehrmals täglich über vier bis acht Wochen durchgeführt. Die Ergebnisse waren ausgezeichnet. Nebenwirkungen wurden nicht beobachtet.

Zu Beginn der Behandlung kann in seltenen Fällen lediglich eine leichte Befindlichkeitsstörung auftreten, die durch das Absterben der Bakterien oder Pilze, dem sogenannten »die-off«-Prozeß, hervorgerufen wird. Die sterbenden Keime setzen Toxine frei, die bei empfindlichen Menschen leichte Abgeschlagenheit auslösen können. Diese Symptome können als Zeichen für die Wirksamkeit des Extrakts gedeutet werden. Durch eine Reduzierung der Dosis wird dieser Effekt minimiert. Die Einnahmemenge sollte dann langsam wieder gesteigert werden.

Die breite Wirksamkeit gegen eine Vielzahl von Keimen beschränkt die Anwendung des Grapefruitkernextrakts nicht nur auf Infektionen bei Menschen und Tieren. Verschiedene Studien der University of Georgia, USA, haben bewiesen, daß er sich als hochwirksames, ungiftiges und biologisch abbaubares Desinfektionsmittel eignet, das die Effektivität zahlreicher herkömmlicher Präparate noch bei weitem übertrifft. Nach Aussage des Mikrobiologen Roger Wyatt sind die exzellente Wirksamkeit und die gleichzeitige Ungiftigkeit der Substanz von besonderer Bedeutung, da die gewöhnlichen Desinfektionsmittel eine mittelmäßige bis hohe Toxizität aufweisen. Die gründliche Reinigung von Lebensmitteln ist daher mit Grapefruitkernextrakt ebenso bedenkenlos möglich wie die Entkeimung von Haut, Gegenständen und Flächen.

Das Southern Research Institute, USA, verglich die Wirksamkeit eines extrakthaltigen Desinfektionsmittels, das 0,05 Prozent Citricidal™ enthielt, mit einem handelsüblichen Präparat. Eine 0,05prozentige Lösung entspricht einer Verdünnung von 0,5 Millilitern GKE in einem Liter Wasser. Diese Lösung erwies sich gegenüber dem Erreger der Lippenbläschen und dem Grippevirus (*Herpes-simplex-Virus I* und Influenza – Virus-A2/Aichi/2/68) als doppelt so wirksam wie das hier sonst übliche Mittel. Verschiedene Bakterien und Pilze wurden durch das GKE-Mittel ebenfalls effektiver vernichtet als durch das herkömmliche Desinfektionsmittel.

In einer anderen Untersuchung war Grapefruitkernextrakt gegenüber den gängigsten Testkeimen *(Staphylococcus aureus, Salmonella typhi, Streptococcus faecium, Escherichia coli, Candida albicans)* zehn- bis hundertmal wirkungsvoller als vergleichbare Konzentrationen der gebräuchlichen Desinfektionsmittel Silberoxidsuspension, Chlorbleichlösung und Iod.

Northview Pacific Laboratories, Inc., USA, untersuchten die Ergebnisse des Grapefruitkernextrakts im USP Preservative Challenge Test. Dieser Test verdeutlicht die Fähigkeit eines Produkts, einer mikrobiellen Verkeimung zu widerstehen. Er wurde zur Qualitätssicherung von Medikamenten entwickelt und ist Bestandteil des amerikanischen Arzneibuchs *United States Pharmacopoe (USP).*

Die vierwöchige Studie zeigte, daß GKE die Verkeimung einer Lösung genauso effektiv verhindern kann wie das häufig angewandte Konservierungsmittel Methylparaben. Allerdings setzte die Wirkung des Grapefruitkernextrakts bereits sechs Tage früher ein. Die Anforderungen des Tests an Konservierungsstoffe wurden durch das Naturprodukt daher mehr als erfüllt!

... und Laboruntersuchungen

Einige Laboruntersuchungen im Reagenzglas haben bewiesen, daß viele Keime, die Menschen und Tiere krank machen, gegen den Extrakt empfindlich sind. Am ausführlichsten wurde die Wirksamkeit des Grapefruitkernextrakts gegen Bakterien untersucht. Die wichtigsten Versuche wurden mit dem Produkt Citricidal durchgeführt.

In einer Untersuchung mit den Bakterien *Escherichia coli, Staphylococcus aureus* und verschiedenen Salmonella-Arten wurde

Ein ideales Mittel gegen Keime
Der Grapefruitkernextrakt erfüllt die Anforderungen, die an ein ideales Antimikrobium gestellt werden, auf der ganzen Linie: Er ist gegen eine breite Palette von Keimen hochwirksam, ohne das Immunsystem zu schwächen. Selbst bei längerer Anwendungsdauer ist er ungiftig und zeigt keine Nebenwirkungen. Die nützlichen Bakterien im Darm und auf den Schleimhäuten werden nicht abgetötet. Resistenzentwicklungen sind selbst nach jahrelanger Anwendung noch nicht aufgetreten. Die Substanz ist weitgehend natürlicher Herkunft und inzwischen relativ gut untersucht. Sein geringes allergenes Potential und seine preiswerte Beschaffung ermöglichen die Anwendung des wirksamen Extrakts auch in ärmeren Ländern.

die notwendige Einwirkzeit verschiedener GKE-Lösungen überprüft. Die durchfallauslösenden Kolibakterien und Salmonellen wurden durch eine 0,1prozentige Lösung bereits nach fünf Minuten Einwirkzeit zuverlässig in ihrem Wachstum gehemmt. Für die Vernichtung des Entzündungserregers *Staphylococcus aureus* war bei gleicher Konzentration eine Wirkdauer von zehn Minuten erforderlich. Um die Verhältnisse in organischem Material zu simulieren, fügten Wissenschaftler in einer weiteren Versuchsreihe der Nährlösung 2,5 Prozent Eiweiß hinzu. Auch diese Maßnahme hemmte die Wirksamkeit des Grapefruitkernextrakts nicht. Die Einwirkzeit für *Staphylococcus aureus* verlängerte sich lediglich um fünf Minuten.

Der Gesichtsreiniger Citricidal™ Skin Cleanser erwies sich in Untersuchungen des Labors Valley Microbiology Services, USA, als genauso wirksam. Das Konzentrat vernichtete die drei Bakterien ebenfalls in Verdünnungen bis zu 0,1 Prozent. Die Brigham Young University in Provo, USA, faßte ihre Ergebnisse wie folgt zusammen: Um Bakterien und Pilze effektiv zu vernichten, sind Citricidal™-Konzentrationen von mehr als 0,01 Prozent notwendig. Die meisten getesteten Organismen wurden durch eine 0,05prozentige Lösung innerhalb von zehn Minuten abgetötet. Untersucht wurden der Hefepilz *Candida albicans, Staphylococcus aureus,* verschiedene Arten von Pseudomonas und Enterobacter-Spezies. Die beiden letztgenannten Bakterien können bei immungeschwächten Patienten eine Vielzahl von Infekten auslösen.

Pseudomonas aeruginosa, das »Haustier« vieler Krankenhäuser und Problemkeim Nummer eins, kann nur mit 2prozentigen Citricidal™-Lösungen zuverlässig vernichtet werden!

Chlamydia trachomatis ist ein bakterieller Schleimhautparasit, der bevorzugt die Augen befällt und im schlimmsten Fall zur Erblindung führen kann. Ferner sind Chlamydien eine häufige Quelle für Geschlechtskrankheiten. Valley Microbiology Services, USA, untersuchte die Wachstumshemmung dieses weitverbreiteten Keims durch verschiedene GKE-Lösungen. Die 0,1- bis 0,5prozentige Zubereitung des Extrakts tötete die Bakterien nach fünf Minuten zu 90 Prozent ab. Das gleiche Laboratorium testete die Wirkung von GKE gegen *Shigella dysenteria,* dem Erreger der schweren bakteriellen Ruhr. Die Erkrankung geht mit starkem, blutigem Durchfall und Fieber einher. Der Grapefruitkernextrakt verhinderte das Wachstum dieses Bakteriums in Konzentrationen von 0,5 bis 1,0 Prozent bereits nach Einwirkzeiten von 30 bis 60 Sekunden. In Konzentrationen unter 0,05 Prozent mußte die Lösung über eine Minute einwirken, um alle Keime zu vernichten.

Das Bakterium *Helicobacter pylori* ist für die Entstehung der akuten und chronischen Magenschleimhautentzündung verantwortlich. Diese wird wiederum mit der Bildung von Magenkrebs in Zusammenhang gebracht. Ein nahe verwandter Keim, *Campylobacter jejuni,* kann durch die Produktion eines hitzestabilen Toxins

Darmerkrankungen mit blutigem Durchfall und Fieber auslösen. Eine 0,1prozentige Lösung von Citricidal™ hemmte die Vermehrung dieser beiden Bakterienarten.

Das Bakterium *Legionella pneumophila* ist ein Keim mit junger Geschichte. Im Jahr 1976 erkrankten zahlreiche Teilnehmer eines Kongresses der American legion in Philadelphia an einem Lungenleiden, dessen Ursache zunächst völlig unbekannt war. 29 von 182 Legionären starben an dieser seltsamen Erkrankung. Erst durch intensive Suche nach möglichen Erregern stieß man mehrere Monate später auf die bisher unentdeckten Keime. Die Kriegsveteranen hatten sich durch verseuchtes Wasser im Hotel infiziert. Aufgrund dieses Vorfalls wurde die Gattung »Legionella« genannt. Die Symptome der Legionellose ähneln denen einer Lungenentzündung. GKE-Lösungen konnten das Wachstum dieser Keime hemmen.

Vibrio cholerae löste die im letzten Jahrhundert weltweit verbreitete Cholera aus. Seit 1961 hat sich eine neue Seuche dieser Durchfallerkrankung von Indonesien bis zum Mittelmeerraum ausgebreitet. Europa scheint aufgrund der besseren hygienischen Verhältnisse bisher nicht betroffen zu sein. Die Erkrankung macht sich durch starke, wäßrige Durchfälle und Erbrechen bemerkbar. Durch den hohen Wasserverlust gerät der Salzhaushalt des Körpers durcheinander. Es kommt zu Blutdruckabfall, Herzrasen, Untertemperatur und schließlich zu Nierenversagen. Unbehandelt liegt die Todesrate bei 50 Prozent.

Erfreulicherweise ist der Grapefruitkernextrakt gegen diesen lebensbedrohlichen Erreger extrem wirksam: 0,1- bis 0,5prozentige Lösungen von Citricidal™ inhibieren den Keim bereits nach einer Kontaktzeit von 15 Sekunden. Eine 0,05prozentige Zubereitung benötigt den ebenfalls sehr kurzen Zeitraum von 30 Sekunden, um das Wachstum des Bakteriums sicher zu verhindern.

Great Smokies Diagnostic Laboratory, USA, testete die Wirksamkeit von Citricidal™ gegen Salmonellen auf Hühnerkadavern *(Salmonella typhimurium).* Lebensmittel tierischen Ursprungs sind eine der häufigsten Infektionsquellen für diese Erreger. Sie lösen die enteritische Salmonellose, besser bekannt als akuter Brechdurchfall, aus.

Bei Raumtemperatur konnte das Fleisch mit 0,05prozentigen Lösungen zuverlässig desinfiziert werden. In Eiswasser waren 0,1prozentige Lösungen erforderlich, um die Bakterien zu vernichten. Das Institut für Geflügelwissenschaften der University of Georgia College of Agriculture, USA, untersuchte die Wirksamkeit des Grapefruitkernextrakts gegen *Listeria monocytogenes.* Dieses Bakterium wird häufig über tierische Lebensmittel auf den Menschen übertragen und kann grippeähnliche Symptome auslösen. Bei Neugeborenen oder abwehrgeschwächten Menschen kann es zu einer Entzündung des Gehirns und der Hirnhäute führen. Ferner sind Bindehautentzündungen möglich. In Konzentrationen bis zu 0,002 Prozent konnte Citricidal™ die Vermehrung aller Stämme dieses Erregers verhindern.

Laboruntersuchungen zur Überprüfung der Wirksamkeit von Grapefruitkernextrakt gegen Pilze wurden mit verschiedenen Pilzgattungen durchgeführt.

Zur Wachstumshemmung des rauchgrauen Gießkannenschimmelpilzes *Aspergillus fumigatus* war Citricidal™ in einer Konzentration von 0,02 Prozent wirksam. Die sogenannte minimale Hemmkonzentration (MIC, ***m****inimal* ***i****nhibition* ***c****oncentration*) des Grapefruitkernextrakts lag mit 0,06 Prozent bei dem nahe verwandten schwarzen Schimmelpilz, *Aspergillus niger,* etwas höher. Bei immungeschwächten Patienten können diese Pilze ernste Krankheiten auslösen, die häufig Gehirn und innere Organe betreffen. Bei häufigem Kontakt mit Schimmelpilzsporen besteht die Gefahr der Ausbildung einer allergischen Lungenaspergillose.

Die weiße Hefe *Candida albicans* befällt ebenfalls bevorzugt Patienten mit geschwächtem Abwehrsystem. Sie siedelt sich gern auf feuchten, warmen Schleimhäuten an und bildet dort weiße Beläge. In schweren Fällen befällt auch dieser Pilz die inneren Organe der Patienten. Im Reagenzglas konnte Grapefruitkernextrakt-Lösung das Wachstum dieses weit verbreiteten Keims bereits in einer geringen Konzentration von 0,006 Prozent verhindern.

Ebenfalls sehr häufig anzutreffen sind die Hautpilze der Gattung *Tinea.* Der Fußpilz zwischen den Zehen (Athletenfuß) und die Nagelmykosen werden durch die Pilze *Tinea rubrum* und *Tinea mentagrophytes* ausgelöst. Die Verbreitung dieser Keime erfolgt im Schwimmbad, in der Sauna, in Gemeinschaftsduschen oder einfach von Hand zu Hand. Grapefruitkernextrakt vernichtet diese juckenden und kosmetisch störenden Quälgeister bereits in so geringen Konzentrationen wie 0,002 *(Tinea mentagrophytes)* und 0,02 Prozent *(Tinea rubrum).*

Die Brigham Young University in Provo, USA, ermittelte für die Wachstumshemmung von *Candida albicans* durch eine schwache Lösung von Grapefruitkernextrakt eine Einwirkdauer von 20 bis 30 Minuten.

Allgemein scheint für die Vernichtung aller Pilze eine längere Kontaktzeit notwendig zu sein. Durch eine geringere Verdünnung des Grapefruitkernextrakts kann man diese langen Einwirkzeiten jedoch verkürzen.

Interessant ist an dieser Stelle auch eine Untersuchung von 1993, in der die Entdeckung einer pilzhemmenden Substanz in beschädigten Grapefruits beschrieben wird: Der Schimmelpilzbefall mit *Penicillum digitatum* ist eine der häufigsten Erkrankungen von geernteten Grapefruits. Sie entsteht, wenn Sporen des grünen Schimmels auf die frisch beschädigte Schale der Frucht fallen. Kann die Wunde jedoch bei hoher Temperatur (30 °C) und hoher Luftfeuchtigkeit für

24 Stunden heilen, füllt sich das Gewebe um die Wunde herum mit einem Material, das Resistenz gegen die Krankheit verleiht. In der Schale der unbeschädigten Frucht ist diese Komponente nicht nachweisbar.

Da der Grapefruitkernextrakt auch aus Teilen der weißen Schale gewonnen wird, könnte diese Substanz zu der Wirkung des Extrakts beitragen. Für diese Hypothese existieren aber keine wissenschaftlichen Untersuchungen.

Für die Beurteilung der Wirksamkeit von Grapefruitkernextrakt gegen Viren stehen Untersuchungsergebnisse des United States Department of Agriculture, USA, zur Verfügung:

Die 10prozentige Lösung von GKE inaktivierte die Erreger der Maul- und Klauenseuche und der Schweinepest nach zwei Minuten. Die für das Afrikanische Schweinefieber verantwortlichen Viren wurden bereits durch 1prozentige Lösungen des Präparats inaktiviert.

Das Laboratorium Interlab in Südamerika testete den Grapefruitkernextrakt erfolgreich gegen das Masernvirus.

Das Institut Pasteur in Paris untersucht die Inaktivierung von HIV *(**h**uman **i**mmunodeficiency **v**irus)*, dem Erreger der Immunschwächekrankheit AIDS, durch den Grapefruitkernextrakt. Auch hier wurde im Reagenzglas eine Wirksamkeit festgestellt (das heißt natürlich nicht, daß sich GKE als Prophylaxe von HIV-Infektionen einsetzen läßt!)

Weltweit kommt den Parasiten, die Durchfallerkrankungen verursachen, eine besondere Bedeutung zu. Zu solchen Protozoen gehört auch der Trinkwasserparasit *Giardia lamblia.* Häufig ist er gegen die Chlorierung des Trinkwassers resistent. So aufgenommen kann er zu chronischen Durchfällen, Erbrechen, Bauchschmerzen, Gewichtsverlust und Fieber führen. In günstigen Fällen wird er nach kurzer Zeit spontan wieder ausgeschieden, manchmal verbleibt er aber über Jahre im Dünndarm des Menschen. Untersuchungen des Labors Valley Microbiology Services, USA, zeigten, daß dieser Schmarotzer durch eine 0,1prozentige Lösung von Grapefruitkernextrakt innerhalb von fünf Minuten inaktiviert werden kann.

Da die Anwendung von Grapefruitkernextrakt bei der Behandlung unterschiedlichster Erkrankungen zu hervorragenden Ergebnissen führte, wenden sich immer mehr Patienten und Heilkundige diesem vielversprechenden Naturprodukt zu. Die Anzahl der Therapieerfolge und positiven Anwendungsberichte vergrößert sich ständig. Auch immer mehr Laboratorien interessieren sich für die bittere Substanz und entdecken einen immer größer werdenden Wirkungsbereich gegen Mikroorganismen. Leider beschränken sich die Untersuchungen dieser Institute fast ausschließlich auf Versuche im Reagenzglas. Dadurch konnte die Wirksamkeit des Extrakts als Flächendesinfektionsmittel bewiesen werden. Für den Nachweis der Wirksamkeit beim Menschen benötigt man jedoch weitere Untersuchungen. Da die Anwendungsberichte vieler Patienten und Ärzte meist nicht auf einer genauen Dokumentation aller Details der Therapie basieren, sondern nur das Ergebnis darstellen, sind wissenschaftliche Aussagen zur Anwendung am Menschen nur bedingt möglich. Ausführlich geplante Untersuchungen mit genau definierten Fragestellungen, einer vorher festgelegten Patientenzahl und einem Vergleichsmedikament sind daher notwendig.

Aufgrund der bisher vorliegenden vielversprechenden Ergebnisse bleibt zu hoffen, daß solche professionell angelegten Studien in nächster Zeit folgen werden. Nur auf diese Weise wird der Grapefruitkernextrakt wissenschaftliche Anerkennung finden und einer noch größeren Zahl von Patienten zugute kommen.

Hypothesen zur Wirksamkeit

Anhand verschiedener Studien konnte im Reagenzglas gezeigt werden, daß die antimikrobielle Wirksamkeit des Grapefruitkernextrakts in erster Linie auf zwei verschiedenen Mechanismen beruht. In hoher Dosierung verändert der Extrakt die zytoplasmatische Zellmembran bestimmter Mikroorganismen und hemmt dadurch die Atmung der Zelle. Die Wirkstoffe des Extrakts führen zu einer Desorganisation der Zellbestandteile, wodurch die Zelle an der Aufnahme lebenswichtiger Aminosäuren gehindert wird. Gleichzeitig erfolgt durch Perforation der Zellmembran das Austreten von Zellbestandteilen mit geringem Molekulargewicht. Vereinfacht gesagt verhungern und verbluten die Mikroorganismen, wenn sie mit Grapefruitkernextrakt konfrontiert werden. In geringerer Dosierung hemmt der Extrakt die Zellatmung der Mikroorganismen, tötet sie aber nicht ab. Durch diese permanente Unterversorgung der Bakterien, Pilze oder Parasiten mit Sauerstoff wird das Wachstum der Mikroorganismen verhindert. Die Keimzahl steigt nicht mehr drastisch an, und die Freßzellen als Schutzpolizei unseres Körpers können die verbleibenden Störenfriede vernichten.

In geringen Dosen wirkt der Extrakt also biostatisch, das heißt, die Ausbreitung der Keime wird unterdrückt. In höheren Dosen ist der Grapefruitkernextrakt biozid – die Mikroorganismen sterben ab.

Dieser Wirkungsmechanismus wurde auch bei den in der Schulmedizin häufig angewandten Penicillinen und Cephalosporinen beobachtet. Ihre Wirkung ist bei ruhenden Keimen allein bakteriostatischer Art. Auf wachsende Mikroorganismen wirken sie bakterizid durch die Verhinderung einer ausreichenden Verknüpfung des Gewebes in der neu synthetisierten Zellwand. Die neue Bakterienzelle besitzt keine ausreichende Stabilität und platzt nach kurzer Zeit.

Eine ähnliche Strategie verfolgt auch das bei oberflächlichen Pilzerkrankungen häufig eingesetzte Antimykotikum Clotrimazol.

Durch Hemmung der Zellmembransynthese werden die neuen Pilze instabil und sterben ab.

Während die Wirksamkeit dieser häufig eingesetzten Antibiotika- oder Antimykotikagruppe jedoch lediglich auf ganz bestimmte Bakterien- oder Pilzarten beschränkt ist, wirkt der Grapefruitkernextrakt bei einer Vielzahl von Bakterien, Pilzen, Viren, einzelligen Parasiten und Würmern. Er ist biostatisch und in höheren Dosen sowohl bei wachsenden als auch bei ruhenden Keimen biozid. Dabei kommt es zu keinen Nebenwirkungen wie Durchfall und Allergien. Eine Resistenzentwicklung wurde nicht beobachtet.

Erwähnt werden sollte noch, daß Studien zufolge der für diesen Vorgang benötigte Zeitrahmen kürzer sein soll als bei den meisten vergleichbaren Präparaten zur Eliminierung von Mikroorganismen. Dadurch ließe sich der schnelle Wirkungseintritt des Extrakts erklären.

So kraftvoll und dennoch sanft – die toxische Unbedenklichkeit ...

Bei sachgemäßer Anwendung des Grapefruitkernextrakts sind bisher keine gesundheitsschädlichen Wirkungen bekanntgeworden. Der Extrakt ist bei verdünnter Anwendung nicht toxisch und nicht hautreizend. Bei Betrachtung der Zusammensetzung des Extrakts wäre eine toxische Wirkung auch nicht zu erwarten: Flavonoide und der dreiwertige Alkohol Glyzerol gelten auch in großen Mengen als ungiftig. Das wasserlösliche Vitamin Ascorbinsäure kann der Körper bei Überversorgung mit dem Urin wieder ausscheiden. In den USA wurden trotzdem zahlreiche Tests durchgeführt, um die strengen Vorschriften über den Umgang mit potentiell gefährlichen Substanzen einzuhalten. Aufgrund dieser Testergebnisse wurde der Grapefruitkernextrakt als nicht toxisch bei innerlicher Anwendung, als nicht primär hautirritierend in Konzentrationen bis zu zwei Prozent und als nicht korrodierendes Material eingestuft. Im Code of Federal Regulations gilt er als GRAS *(**g**enerally **r**ecognized **a**s **s**afe)*, als sicheres Produkt bei sachgemäßer Verwendung.

Zur Bestimmung der akuten Toxizität bei innerlicher Anwendung wurde ein Tierversuch mit Ratten in einem Laboratorium in Kalifornien durchgeführt. Zehn gesunden Ratten wurde der Flüssigextrakt in einer exorbitanten Dosierung von 5000 Milligramm pro Kilogramm Körpergewicht (5000 mg/kg KG) verabreicht. Eine der Ratten starb daraufhin am folgenden Tag. Eine weitere Ratte zeigte leichte Anzeichen von Lethargie und schwache Veränderungen des Nierengewebes. Alle anderen Ratten erfreuten sich bester Gesundheit. Das Ergebnis dieses Versuchs zeigt, daß die letale Dosis, bei der 50 Prozent der Versuchstiere sterben (LD50), weit über 5000 mg/kg KG liegt.

Die LD50 ist ein anerkanntes Maß zur Festlegung der durchschnittlichen toxischen Dosis einer Substanz. In den USA wurde die akute Toxizität dieses Extrakts daraufhin auf etwa 5000 mg/kg KG festgelegt. Dies würde bedeuten, daß ein 75 Kilogramm schwerer Mensch etwa 375 Gramm eines Grapefruitkernextrakts mit 50prozentiger Wirkstoffkonzentration einnehmen müßte, um sich zu vergiften. Diese entspricht einer knapp viertausendfachen Überdosierung einer üblichen Menge von 0,1 Gramm Pulver oder 12 Tropfen Flüssigextrakt.

Zur Festlegung der chronischen Toxizität wurden weitere Tierversuche durchgeführt: In einem zwölfmonatigen Test fraßen Ratten täglich Grapefruitkernextrakt, der unter das Futter gemischt worden war. Erst bei einer täglichen Dosis von 2900 mg/ kg KG verendeten die Tiere. Auf den Menschen übertragen bedeutet das, daß eine 75 Kilogramm schwere Person täglich über ein Jahr etwa 220 Gramm Extrakt mit einem Wirkstoffgehalt von 50 Prozent trinken müßte, um zu sterben.

Eine Studie an neugeborenen Ratten zeigte, daß die Tiere erst bei einer oralen Dosis von täglich 400 mg/kg KG Extrakt, der über zwölf Monate verabreicht worden war, starben. Ausgewachsene Ratten und Meerschweinchen verendeten nach zweijähriger Zufuhr von täglich etwa 2000 mg/kg KG Extrakt. Da solche Toxizitätsstudien aus ethischen Gründen natürlich nicht an Menschen durchgeführt werden, stellt sich normalerweise immer wieder die Frage nach der Übertragbarkeit der Ergebnisse aus Tierversuchen auf den Menschen.

Dazu eine Geschichte: In Peru, wo der Extrakt als landwirtschaftliches Desinfektionsmittel eingesetzt wird, trank ein betrunkener Landarbeiter versehentlich etwa 100 Milligramm des Extrakts. Die hohe Dosis half jedoch mehr, als daß sie schadete: Nachdem der Arbeiter seinen Rausch ausgeschlafen hatte, verkündete er freudestrahlend, daß er alle Würmer los sei und sich nie zuvor so wohl gefühlt habe.

Weitere Studien zur Überprüfung einer möglicherweise krebserregenden Wirkung des Extrakts wurden an Mäusen und Ratten durchgeführt: Ein zweijähriger Hautkrebstest zeigte keinerlei Schäden an Haut und inneren Organen der Tiere. Ein zwölfmonatiger Test an Mäusen und ein vierundzwanzigmonatiger Test an Ratten ließ kein allgemeines Krebsrisiko durch Grapefruitkernextrakt erkennen.

Das allergisierende Potential des Extrakts wurde durch Hauttests am Menschen überprüft. 1- bis 2prozentige Verdünnungen (etwa 4 bis 8 Tropfen auf ein Glas Wasser) verursachten keine Reizung oder Sensibilisierung. Eine 3prozentige Lösung führte bei allergischen Personen nur zu leichten Reizerscheinungen. Der konzentrierte Extrakt darf jedoch nicht in die Augen gelangen, da er die Schleimhaut stark angreift und die Iris verletzen kann. Konzentrationen bis zu 2 Prozent rufen leichtere Reizungen und eine Rötung des Auges hervor.

... und biologische Abbaubarkeit

Neben einer guten Wirksamkeit und geringen Toxizität für Mensch und Tier wird an ein modernes Desinfektionsmittel zusätzlich die Forderung der biologischen Abbaubarkeit gestellt. Grundwasser und Boden sollen nicht oder nur für ganz kurze Zeit mit dem Desinfektionsmittel kontaminiert werden. Die möglichen Umweltschäden durch Grapefruitkernextrakt wurden von einem amerikanischen Institut untersucht. Dazu wurden Flüssigextrakte in Konzentrationen von 50 bis 100 ppm (parts per million, das heißt Anteile pro Million) auf unterschiedlichen Sand-, Lehm- und Humusböden versprüht. Bereits nach einer Stunde waren mit Hilfe eines Gaschromatographen nur noch Konzentrationen von weniger als eins zu einer Milliarde nachweisbar. Bei einer Konzentration von 50 ppm (0,005 Prozent) war der Extrakt nach 24 Stunden, bei der Verwendung einer Lösung mit 100 ppm (0,01 Prozent) nach acht Tagen nicht mehr nachweisbar. Die fünfjährige Studie kam zu der Schlußfolgerung, daß der Extrakt sich nicht im Boden anreichert. Er wird daher in den USA als nicht ökotoxisch eingestuft.

Ein anderes Laboratorium untersuchte die Bioabbaubarkeit mit Hilfe des hemmenden Effekts von Grapefruitkernextrakt auf die Kohlendioxidproduktion eines anaeroben Stoffwechselsystems. Die Bakterien eines solchen Systems produzieren bei intakter Funktion eine vorhersagbare Menge CO_2. Werden die Mikroorganismen durch äußere Einflüsse gestört, geht die Gasproduktion zurück. Innerhalb der ersten vier Wochen hemmte der Extrakt die Produktion von Kohlendioxid. Nach acht Wochen erreichte die Gasproduktion jedoch wieder das theoretische Maximum, so daß auch dieser Test zu dem Ergebnis führte: Grapefruitkernextrakt ist biologisch abbaubar.

Umgang und Notfallmaßnahmen

Obwohl die Tier- und Umweltstudien und der unfreiwillige Selbstversuch des peruanischen Landarbeiters erfreuliche Ergebnisse geliefert haben, sollte beim Umgang mit dieser natürlichen Substanz genausoviel Sorgfalt aufgebracht werden wie bei der Verwendung synthetischer oder halbsynthetischer Präparate gegen schädliche Mikroorganismen. Der Extrakt darf nur nach Vorschrift angewandt werden. Der Kontakt mit den Augen ist sowohl in konzentrierter Form als auch in verdünnter Lösung zu vermeiden. Wenn dennoch etwas in das Auge gelangt ist, muß dieses sofort mindestens zehn Minuten lang unter fließendem Wasser ausgespült werden. Nach Möglichkeit ist ein Arzt zu konsultieren.

Ganz allgemein gilt: Nicht unverdünnt anwenden. Vor allem nie unverdünnt auf Schleimhäute bringen! Der unverdünnte Extrakt wirkt wie eine Säure und kann aus diesem Grund zu starken Hautirritationen führen. Ist es dennoch zu Hautreizungen gekommen, muß der Extrakt mit viel Wasser abgewaschen werden.

Wie Desinfektionsmittel und Medikamente ist der Grapefruitkernextrakt vor Kindern sicher aufzubewahren.

Die Rückstandsproblematik

Anfang des Jahres 1997 wurde unabhängig von verschiedenen Labors festgestellt, daß in einigen Proben Grapefruitkernextrakt Rückstände gefunden wurden, die dort nicht hingehören. Es begann eine lange Diskussion um Meßmethoden und Analytik. Glühende Anhänger des Extrakts argumentierten, daß die Messungen ungenau seien, und sprachen von einem Schlag gegen natürliche Präparate, ebenso heftig reagierende Gegner wollten am liebsten GKE auf einen Schlag verbieten. In vielen Proben wurde eine Substanz namens Triclosan gefunden, die in den USA als Schädlingsbekämpfungsmittel eingesetzt wird. Eigene Nachforschungen bestätigten, daß nur ein kleiner Teil der für die GKE-Produktion verwendeten Grapefruits biologisch angebaut wurde. Außerdem wurden in GKE-Produkten, die aus den USA stammen, erhebliche Mengen Benzethoniumchlorid gefunden – ein Stoff, der unter anderem zur Konservierung verwendet wird, in Deutschland aber in Nahrungsmitteln verboten ist. (Lesen Sie dazu die aktuelle Marktübersicht ab Seite 117.) In den letzten Monaten sind außerdem Extrakte aufgetaucht, die zwar frei von Benzethoniumchlorid sind, dafür aber Benzalkoniumchlorid enthalten – ein Stoff, der chemisch ähnlich aufgebaut ist, ähnliche Wirkung hat und ebenfalls in Nahrungsergänzungsmitteln eigentlich nichts zu suchen hat. Da Mittel wie Benzethoniumchlorid auch einen gegen Krankheitskeime gerichteten Effekt aufweisen, ist zu vermuten, daß ein Teil der Wirkung des in den USA geprüften GKE auf die – bei uns nicht erlaubten – Zusatzstoffe zurückzuführen ist. Für die Zukunft gilt: Kaufen Sie nur bei Händlern, die Rückstandsfreiheit garantieren. Im Idealfall sollte jeder Hersteller für jede GKE-Charge das Zertifikat eines deutschen Labors vorlegen können, das bescheinigt, daß der Extrakt, der im entsprechenden Mittel verarbeitet wurde, Triclosan-, Benzethoniumchlorid- und Benzalkoniumchlorid-frei ist. Lassen Sie sich nicht von Pauschalanalysen älteren Datums täuschen. Immer noch kursieren zum Beispiel zwei dubiose Gutachten – Universität von Florida bzw. Essex –, die Unbedenklichkeit vortäuschen.

Darreichungsformen

Entsprechend den vielseitigen Anwendungsmöglichkeiten des Grapefruitkernextrakts stehen verschiedene Zubereitungen zur Verfügung. Am häufigsten wird die flüssige Form des Extrakts verwendet, die von einer amerikanischen Firmengruppe erforscht und entwickelt wurde. Das Produkt heißt beispielsweise Citricidal 33, CitroBiotic, oder einfach »Grapefruitkernextrakt«.

Diese Lösungen sind universell einsetzbar. Bei entsprechender Verdünnung können sie innerlich, äußerlich und zur Desinfektion angewandt werden. Sie passen in jede Reiseapotheke und können uns als Notfallmedizin überallhin begleiten. Für empfindliche Personen, die auf den hohen Säuregehalt der Lösung oder den bitteren Nachgeschmack reagieren, stehen außerdem Tabletten zur Verfügung. Diese Darreichungsform eignet sich auch gut für Kinder.

Grapefruitkernextrakt wird auch Kosmetika (z. B. der Kosmetiklinie Citridermal) beigesetzt: Zur Verfügung stehen unter anderem verschiedene Hautreiniger, Hautcreme, Duschgel und Badezusatz. Um die vielseitigen Anwendungsmöglichkeiten des Extrakts zu optimieren, existieren ferner ein Deodorant-Stift, ein Fußpuder, ein Zahngel (Citridental) und ein Hautspray. Sie alle enthalten GKE, der durch seine antimikrobielle Wirkung die Widerstandsfähigkeit von Haut und Zähnen stärkt und vor unangenehmen Körpergerüchen schützt.

Eine ganz besondere Eigenschaft hat das Zahngel Citridental. Es enthält GKE, aber keine ätherischen Öle. Daher eignet es sich besonders zur Zahnpflege während einer homöopathischen Behandlung. Denn die üblichen Zahncremes und -gels enthalten ätherische Öle, die den Erfolg der homöopathischen Mittelgabe stark mindern können.

Sogar für Haus- und Nutztiere gibt es mittlerweile eine Produktreihe (Citrivet®). Erhältlich sind die Grapefruitkernextrakte und daraus hergestellte Produkte mittlerweile bei rund dreißig Versandhändlern in Deutschland.

Nicht alle davon können Qualität garantieren. Prüfen Sie daher gegebenenfalls Ihren Händler, ob er kompetent Fragen zur Anwendung, zur Herstellung und zur Unbedenklichkeit seiner Präparate beantworten kann bzw. ob er überhaupt in der Lage ist zu beraten oder nur verkauft. Hier sei noch einmal betont: Bei einem fertig

Grapefruitkernextrakt ist nicht gleich Grapefruitkernextrakt
Es gibt außer den garantiert rückstandsfreien Grapefruitkernextrakten zur Zeit noch viele im Handel, die die verbotenen Zusatzstoffe wie Benzalkoniumchlorid und Benzethoniumchlorid enthalten. Lassen Sie sich daher gegebenenfalls Gutachten vorlegen, die die Rückstandsfreiheit garantieren – am besten Gutachten deutscher Wissenschaftler (zwei Gutachten von der Universität Florida bzw. Essex sind anzweifelbar). Außerdem wichtig: Einige Anbieter verdünnen den Extrakt mit Wasser, um ihn billiger vertreiben zu können. Bei dieser Art der Zubereitung muß jedoch mit einem Wirkungsverlust gerechnet werden, da der freie Sauerstoff, der in wäßriger Lösung in geringen Mengen vorhanden ist, den Wirkstoff Vitamin C und wahrscheinlich auch die Flavonoide zerstört. Als Extraktions- und Verdünnungsmittel sollte nur das für Mensch und Tier unbedenkliche Glyzerol (Glyzerin) pflanzlichen oder synthetischen Ursprungs – das auch bei der Arzneimittelherstellung benutzt wird – verwendet werden. Noch ein Tip: Mißtrauen Sie Billigimporten (häufig erkennbar an der »krummen« Füllmenge, z. B. 23 ml).

verdünnten GKE ist Wasser als Lösungsmittel eher ungünstig (Oxidationsprozesse führen wahrscheinlich zum Wirkungsverlust). Wählen Sie lieber mit Glyzerin verdünnte Produkte, und verdünnen Sie diese direkt vor der Einnahme noch einmal mit Wasser.

Viele der Produkte erhalten Sie auch in Reformhäusern und Naturkostläden sowie bei Heilpraktikern, die neben ihrer Praxis ein Gewerbe angemeldet haben. Oder – noch einfacher: Gehen Sie in Ihre Apotheke. Möglicherweise wird Ihr Apotheker sich nicht gleich die Arbeit machen wollen, GKE-Produkte bei seinem Großhändler für Sie zu bestellen, und erklärt Ihnen, solche Präparate könne er nicht ordern. Dies ist nicht richtig. Eine Reihe von Produkten, darunter auch CitroBiotic, Citricidol® und GSE, sind in dem Präparate- und Warenverzeichnis der Apotheker aufgelistet und können über die Großhändler innerhalb weniger Stunden bis maximal zwei Tage beschafft werden.

Immer mehr im Trend: die Aromatherapie

Die Grapefruit ist nicht nur wertvoll aufgrund ihres bitteren Extrakts aus den Kernen und inneren Schalen dieser Frucht. Das ätherische Öl der Pflanze – das nicht mit dem Grapefruitkernextrakt zu verwechseln ist – hat bereits vor einiger Zeit Eingang in die Aromatherapie und die Parfümherstellung gefunden und wird dort inzwischen häufig eingesetzt.

Ein ganz besonderer Duft ...

Ein ätherisches Öl ist dadurch gekennzeichnet, daß es von intensivem Geruch und aromatischem, bitterem oder scharfem Geschmack, leicht flüchtig und pflanzlichen Ursprungs ist. Es hat eine ölartige Konsistenz und ist daher nicht mit Wasser mischbar.

GKE ist kein ätherisches Öl!

Wichtig: Die auf den folgenden Seiten beschriebenen Anwendungsmöglichkeiten des ätherischen Grapefruitschalenöls gelten nicht für den Grapefruitkernextrakt. Umgekehrt läßt sich der Grapefruitkernextrakt nicht durch das ätherische Öl ersetzen. Die ätherischen Öle sind nicht im Grapefruitkernextrakt enthalten, da bei seiner Herstellung die gelbe Fruchtschale zunächst abgeschält wird. Er enthält hingegen viele wertvolle und für die Wirkung des Grapefruitkernextrakts unentbehrliche Bestandteile, die dem ätherischen Öl fehlen!

In der großen Gruppe der ätherischen Öle gehört das Grapefruitöl in die Familie der Agrumen- oder Zitrusöle. »Agrumi« ist eine mittellateinische Bezeichnung für ölhaltige Früchte. Das moderne Italienisch bezeichnet mit diesem Begriff Zitrusbäume und -früchte, und auch in der deutschen Sprache ist er inzwischen zu einer gebräuchlichen Sammelbezeichnung geworden. Ätherische Zitrusöle haben eine lange Tradition als Heilmittel und Duftstoffe.

Das ätherische Grapefruitöl läßt sich aus Blättern, Blüten und Früchten des Grapefruitbaums gewinnen, aber nur das allein aus den gelben Grapefruitschalen hergestellte ätherische Öl wird als Agrumenöl bezeichnet.

Das Agrumenöl wird durch Kaltpressung der Fruchtschalen gewonnen, ist von hellgelber Farbe, frisch-fruchtigem Geruch und bitterem Geschmack. Da der Gehalt des ätherischen Öls in der Fruchtschale bei etwa einem Prozent liegt, werden zur Gewinnung von einem Kilogramm ätherischem Öl etwa 100 Kilogramm frische Fruchtschalen benötigt. Es harmoniert mit allen ätherischen Ölen und kann daher besonders gut in Duftmischungen verwendet werden.

... zum Heilen ...

Zum Lindern und Heilen wird das ätherische Grapefruitschalenöl bei den unterschiedlichsten Beschwerden und Befindlichkeitsstörungen angewandt. Sein Wirkungsspektrum ist im körperlichen Bereich entkrampfend, fiebersenkend, entzündungshemmend und desinfizierend. Bei seelischen Beschwerden wirkt es stimmungsaufhellend, erheiternd, anregend, erfrischend und harmonisierend. Zurückzuführen sind diese Wirkungen auf die Hauptinhaltsstoffe des ätherischen Öls: Pinen, Limonen, Linalool und Citralaldehyd gelten allgemein als antidepressiv wirksam. Sie wirken stimulierend auf das Zwischenhirn (den Thalamus), wodurch eine natürliche Aktivierung chemischer Abläufe im gesamten Organismus gefördert wird. Eingesetzt wird das Grapefruitschalenöl daher in Kombination mit anderen ätherischen Ölen bei Husten, Bronchitis, Keuchhusten und Asthma. Auch bei Kopfschmerzen, Menstruationsbeschwerden, Übelkeit in der Schwangerschaft, Pubertätskrisen, großer Empfindsamkeit, mangelndem Selbstvertrauen, depressiven Verstimmungen, Suchterkrankungen und Ängsten sind positive Wirkungen erzielt worden. Aufgrund der erfrischenden und anregenden Wirkung wird es in Massageölen zur Bekämpfung von Krampfadern und Orangenhaut verwendet.

Zu beachten ist, daß Zitrusöle die Lichtempfindlichkeit der Haut erhöhen und Sonnenbäder nach der Anwendung dieser Körperöle daher vermieden werden sollten. Eine solche Photosensibilisierung wird durch die Anwendung von Grapefruitkernextrakt nicht ausgelöst, da die hierfür verantwortliche Stoffgruppe, die Furanocumarine, in den Kernen und der weißen Schale nicht enthalten ist.

... und Wohlfühlen

Eine weitere Verwendungsmöglichkeit des ätherischen Grapefruitschalenöls ist die Verarbeitung in Herren- und Damenparfüms und in Pflegeartikeln wie Rasierwässern, Körperölen, Bädern und Saunaaufgüssen.

In Parfüms findet es Anwendung als Kopfnote. Die Kopfnote eines Parfüms ist verantwortlich für den »Angeruch«, also für den ersten Eindruck, den man von einer Duftmischung gewinnt. Nach ein paar Stunden ist sie vollständig verdunstet. Zurück bleibt die Herznote des Parfüms, die Kopfnote und Basisnote miteinander verbindet und harmonisiert. Sie wird als Mittelgeruch bezeichnet und macht den eigentlichen Charakter einer Duftmischung aus. Damit das Parfüm einen Boden hat, enthält es als dritte Komponente die Basisnote, die auch als Fixativ bezeichnet wird. Sie besteht aus einem schwer flüchtigen ätherischen Öl und ist der Duft, der am längsten anhält. Die Basisnote kann noch nach Tagen an einem Kleidungsstück haften. Zur Abrundung des Geruchs können Zwischentöne verwendet werden. Hierfür eignen sich besonders die ätherischen Öle unserer Kräuter- und Gewürzpflanzen, daher spricht man hierbei auch von der Gewürznote.

Da das ätherische Öl der Grapefruit besonders leicht flüchtig ist, wird es zunächst sehr intensiv wahrgenommen und verleiht dem Parfüm eine fruchtig-spritzige Note, die jedoch schnell verfliegt. Zur Kombination mit Grapefruitschalenöl eignen sich als Herznote alle Blütenöle (Rose, Jasmin).

Zur Herstellung eines Parfüms wird Jojobaöl als Träger verwendet. Ein Rasierwasser enthält die ätherischen Öle gelöst in einer Mischung aus 90prozentigem Alkohol und destilliertem Wasser. Hier kommt nicht nur die anregende und erfrischende Wirkung des ätherischen Grapefruitschalenöls zum Einsatz, sondern auch seine desinfizierende Komponente. In Saunaaufgüssen dienen seine stimmungsaufhellenden und harmonisierenden Eigenschaften der Entspannung. Seine desinfizierenden Qualitäten tragen zur Entkeimung der Luft und der Atemwege bei.

Eine Wohltat für Körper und Seele ist ein Bad mit ätherischen Ölen. Als anregender, stimulierender Badezusatz wird eine Mischung aus Grapefruit, Tonka, Ylang-Ylang und Sandelholz in einem Becher süßer Sahne empfohlen. Die Sahne dient aufgrund ihres Fettgehalts als Träger des ätherischen Öls, da dieses in Wasser nicht löslich ist und im unverdünnten Zustand Hautreizungen auslösen kann.

Anhand der zahlreichen Anwendungsmöglichkeiten des ätherischen Grapefruitschalenöls wird deutlich, daß diese Pflanze nicht erst durch die relativ junge Entdeckung des wertvollen Grapefruitkernextrakts Bedeutung erlangt hat. Zur Gewinnung des ätherischen Öls werden die Schalen der Frucht, die bei der Saftherstellung als Abfall anfallen, bereits seit geraumer Zeit verwendet. Die Züchtung und zunehmende Kultivierung von samenlosen Varietäten verdeutlicht aber, daß den Kernen und damit dem hochwertigen Grapefruitkernextrakt keine große Bedeutung beigemessen wurde.

Diese Tatsache hat sich aufgrund der zunehmenden Anzahl von begeisterten Anwendern des Grapefruitkernextrakts und der zahlreichen vielversprechenden wissenschaftlichen Untersuchungen durch namhafte Institute inzwischen glücklicherweise geändert.

Die Anwendung … als Nahrungsergänzungsmittel zur Prävention

»Vorbeugen ist besser als heilen« – das ist ein altbekannter Slogan. Sehr alt sogar: Schon vor einigen tausend Jahren kamen die Menschen zu der Erkenntnis, daß Krankheiten im Vorfeld vermieden werden können, wenn die Gesundheit gepflegt und die Bedürfnisse von Körper, Seele und Geist befriedigt oder wenigstens berücksichtigt werden.

In den vorchristlichen Hochkulturen (ca. 3000–1000 v. Chr.), in Ägypten, Babylonien und ganz besonders auch in Indien und China, waren die Ernährung, die körperliche Bewegung und die Reinlichkeit bereits als wichtige Bausteine zur Erhaltung der Gesundheit bekannt und wurden zum Teil gezielt eingesetzt.

In der Antike, in Griechenland und Rom, nahm die Gesundheitspflege sogar einen bedeutenden gesellschaftlichen und kulturellen Platz ein. Zur Zeit Platons (427–348 v. Chr.) und Aristoteles (384–322 v. Chr.) wurden in Griechenland Maßnahmen zur Gesundheitserziehung mit staatlichen Mitteln gefördert. Aufseher überwachten den Häuserbau und die Wasserversorgung. Und Hippokrates von Kos (460–377 v. Chr.), einer der bekanntesten Ärzte und Naturforscher der Antike, untersuchte die Wirkung der Nahrung, der Lebensweise und des Klimas auf die Gesundheit.

Die Römer waren bekannt für den Bau von Wasserleitungen und luxuriösen Thermen, aber auch für das Abwasser war bei ihnen gesorgt. Um Seuchen vorzubeugen, bauten sie unterirdische Kanäle und Leitungen, in denen das Abwasser und die Exkremente aus den Städten herausbefördert wurden. Die Kanalisation von Rom, die

Hygiene ist mehr als Reinlichkeit
»Hygiene« läßt sich ableiten von dem Namen der griechischen Göttin der Gesundheit Hygieia. Schon im alten Griechenland umfaßte die Hygiene alle Einrichtungen bzw. Tätigkeiten, die mit der Erhaltung und Pflege des Wohlbefindens und der Gesundheit zu tun hatten, also nicht nur das Baden oder die Reinhaltung von Körper und Wohnraum, sondern auch die sportliche Betätigung, den Schlaf, die Entspannung, die Ernährung und vieles andere mehr. Hygiene und Prävention sind auch nach heutigen Maßstäben ein nicht voneinander zu trennendes Begriffspaar.

Cloaca maxima, ist nur ein Beispiel für hohe Baukunst der Römer und ihr Wissen um die Bedeutung von Hygiene und Prävention. Es kann ohne Übertreibung behauptet werden, daß viele Römer vor über zweitausend Jahren unter besseren hygienischen Verhältnissen lebten als die meisten Kulturvölker im Mittelalter.

Wenn die Lebensweise krank macht

Heute sprechen oder lesen wir zwar oft von Prävention, doch viele Menschen scheinen gar nicht so recht zu wissen, was sie mit diesem Begriff anfangen oder wie sie Krankheitsvorsorge im Alltag umsetzen sollen.

Die neuesten statistischen Erhebungen aus dem Bundesgesundheitsministerium sprechen da eine deutliche Sprache. Ein Beispiel: Etwa 30 Prozent aller Kosten im Gesundheitswesen – das entspricht etwa 83,5 Milliarden DM – beruhen auf ernährungsbedingten Erkrankungen. Mit anderen Worten: Viele Menschen ernähren sich nicht nur mangelhaft, sie machen sich früher oder später krank mit dem, was sie Tag für Tag zu sich nehmen.

Von diesen 83,5 Milliarden DM fallen 24 Prozent auf Zahnkaries – und das, obgleich die Zahnbürsten und Zahnpasta herstellende Industrie keine Mühen und Kosten scheut, das Prinzip der »Vorsorge durch Zahnpflege« publik zu machen. Weitere 32 Prozent der Kosten im Gesundheitswesen werden von der Diagnose und Behandlung von Herz-Kreislauf-Erkrankungen verschlungen. Und auch Leber- und Gallenerkrankungen (sehr häufig durch übermäßigen Alkoholkonsum verursacht) sowie Diabetes werden zu den ernährungsbedingten Krankheiten gerechnet.

Ähnliche Zahlen gelten für Erkrankungen, die auf einen Mangel an Bewegung zurückgeführt werden können, ganz zu schweigen von den Umwelterkrankungen, das heißt Erkrankungen, die durch all jene synthetisch-chemischen Stoffe oder andere Faktoren (z. B. Lärm) hervorgerufen werden, die der Mensch täglich produziert.

Was heißt Prävention?

Das Wort »Prävention« stammt aus dem Lateinischen und bedeutet soviel wie »Zuvorkommen, Vorbeugung, Abschreckung«. Aber mit Abschrecken und Zuvorkommen allein ist es – wie wir heute wissen – nicht getan. Prävention ist vielmehr der verantwortungsvolle Umgang mit der eigenen Gesundheit und mit der Gesundheit anderer. Sie erfordert ein nicht unerhebliches Maß an Selbstdisziplin, Engagement und vorausschauendem Denken.

Prävention ist darüber hinaus nicht nur ein individuelles, sondern ein gesellschaftliches Anliegen. Oder anders ausgedrückt: Gesundheitsvorsorge ist nicht nur eine Privatangelegenheit, sondern eine Gemeinschaftsaufgabe. Was nützt es, wenn nur ein Mensch gesundheitsbewußt lebt und sich an bestimmte hygienische Richtlinien hält. Der Lärm in unserer Umgebung, die Luftverschmutzung und die Verunreinigung des Trinkwassers werden durch viele Individuen, eben durch die Gemeinschaft verursacht.

Drei Kategorien der Vorsorge

Prävention ist nicht gleich Prävention, oder besser gesagt, vorbeugende Maßnahmen können bzw. müssen sehr unterschiedlich aussehen, je nachdem, in welcher Situation oder welchem Stadium (der Erkrankung) sie eingesetzt werden sollen. Wissenschaftler untergliedern die Prävention daher heute in drei Kategorien:

1. Die primäre Prävention, das ist die Verhinderung der Entstehung von gesundheitlichen Beeinträchtigungen und Krankheiten. Mit anderen Worten, das ist die wirkliche Gesundheitspflege.
2. Die sekundäre Prävention ist darauf ausgerichtet, einen beginnenden krankhaften Zustand möglichst noch in der Vorkrankheitsphase zu entdecken und durch eine Änderung der Lebensführung eine weitere gesundheitliche Verschlechterung zu verhindern oder evtl. sogar eine völlige Wiederherstellung zu erreichen.
3. Ziel der tertiären Prävention ist dagegen nur noch, die Verschlechterung eines dauerhaften Krankheitsbildes zu verhindern.

Der in der Umgangssprache gebräuchliche Begriff der Vorsorge umschließt die primäre und die sekundäre Prävention und konzentriert sich auf alle Maßnahmen, die der Gesunderhaltung dienen, also auch den Ausbruch einer Krankheit verhindern. Im Gegensatz dazu geht es bei der tertiären Prävention nicht mehr um die Erhaltung der Gesundheit, sondern vielmehr darum, dem Fortschreiten einer Erkrankung und dem Auftreten weiterer Folgen entgegenzuwirken.

Vorbeugen, ja bitte! – Aber wie?

Was aber kann jeder einzelne tun, um Krankheiten zu vermeiden bzw. seine Gesundheit – nach allen Regeln der Kunst – zu pflegen und zu erhalten?

Während die Menschen in der Antike noch die »Rache der Götter« oder »den schlechten Wind« für die Entstehung von Krankheiten verantwortlich gemacht haben, wissen wir heute, daß viele Krankheiten durch pathogene, also krankmachende Keime, durch Bakterien oder Viren, durch Pilze oder andere Parasiten verursacht werden. Und das ist eine echte Herausforderung, denn: Tag für Tag kommen wir mit Millionen Bakterien, Viren und Pilzen in Berührung. Während Bakterien über einen Zellkern, eine Membran und ein Zytoplasma verfügen, sich durch Zellteilung vermehren und bestimmte Nährstoffe verstoffwechseln und damit alle Voraussetzungen für einen lebenden Organismus erfüllen, sind Viren kaum als »Lebewesen« anzusehen. Sie bestehen nur aus Nukleinsäuren zur genetischen Codierung und einer Hülle aus Eiweißen. Sie haben weder einen Stoffwechsel noch einen Kern. Und sie vermehren sich allein dadurch, daß sie in Körperzellen – etwa des Menschen – eindringen und die dort vorhandenen Ressourcen ausnutzen, um sich zu vervielfältigen. Eine mit neu gebildeten Viren angefüllte Zelle platzt und stirbt. Die Viren suchen sich sogleich neue Opfer, um sich zu vermehren, und nur in dieser Phase des Krankheitsgeschehens ist das Virus im Blut des Patienten nachweisbar. Viruserkrankungen sind aus diesem Grund nur sehr schwer zu behandeln.

Auch Pilze kommen überall vor. Die zahlreichen Vertreter dieser Gattung, die weder dem Tier- noch dem Pflanzenreich zugerechnet werden können, vermehren sich durch Sporen, Sprossung oder Zellteilung. Mykosen, das ist der medizinische Fachausdruck für Pilzerkrankungen, werden in aller Regel durch Vertreter der Spezies Mucor, Aspergillus oder Candida verursacht. Und wie können wir uns vor alledem schützen?

Die vorbeugende Maßnahme Nummer eins – das liegt seit der Entdeckung der Bakterien als Krankheitserreger durch Casimir Davaine (1812–1882) und der Entwicklung der Desinfektion durch Louis Pasteur (1822–1895) auf der Hand – ist die Bekämpfung dieser Krankheitserreger in unserer Umwelt. Die Maßnahmen, die zu die-

Viren – eine wichtige Krankheitsursache
Es gibt eine große Zahl von humanpathogenen Viren, also Viren, die Krankheiten bevorzugt bei Menschen hervorrufen, und jedes Jahr werden neue Arten entdeckt. Masern, Röteln, Mumps und Windpocken sind einige der bekanntesten Kinderkrankheiten, die durch Viren verursacht werden. Aber auch Hepatitis A, B und C, AIDS und andere lebensbedrohliche Erkrankungen gehen auf Viren zurück.

sem Zweck ergriffen werden können, sind ebenso vielfältig wie die Erreger selbst. Der wichtigste Übertragungsweg von Schmierinfektionen beispielsweise ist die Berührung der Hände – die effektivste Prophylaxe das Waschen bzw. Desinfizieren der Hände. Andere Keime werden über kontaminierte Nahrungsmittel oder das Trinkwasser übertragen, der wirksamste Schutz gegen derartige Infektionen ist das Abkochen der Speisen bzw. des Wassers.

Doch mit dem Händewaschen, der Desinfektion von Geräten und Instrumenten, Atemschutzmasken und dem Abkochen von Trinkwasser allein kommen wir ganz offensichtlich nicht aus. Immer wieder gelingt es Schädlingen und Krankheitserregern, den Reinigungsmaßnahmen zu entkommen und in den Körper einzudringen. Wem oder was verdanken wir eigentlich, daß wir trotzdem nicht ständig krank werden?

Unser körpereigenes Abwehrsystem

Das Abwehr- oder Immunsystem ist einer der kompliziertesten und zugleich wirkungsvollsten Apparate im menschlichen Organismus. Er besteht aus Zellen, aus weißen Blutkörperchen oder Lymphozyten, die im Blut und in der Gewebeflüssigkeit, der Lymphe, pa-

Das Immunsystem des Menschen
Das Immunsystem ist kein kompakter Zellverband. Vielmehr besteht dieses komplexe System aus Billionen Einzelzellen mit ganz verschiedenen Funktionen. Hinzu kommen unzählige Abwehrmoleküle, die Antikörper, und Botenstoffe, die dafür sorgen, daß sich die Zellen untereinander verständigen können. Ähnlich wie das Nervensystem reagiert das Immunsystem auf äußere Reize. Es paßt sich den äußeren und auch inneren Gegebenheiten an und ist sehr lernfähig.

trouillieren, sowie aus löslichen Bestandteilen. Dringt ein Erreger in den Körper ein, wird er von den weißen Blutkörperchen angegriffen und zerstört. Gleichzeitig geben die Lymphozyten die Information an eine bestimmte Zellgruppe weiter, die B-Zellen, die die Aufgabe haben, sogenannte Antikörper zu bilden.

Die Antikörper sind so gebaut, daß sie bestimmte Oberflächenstrukturen auf den Fremdkörpern erkennen und sich daran anheften. Die Eindringlinge werden auf diese Weise aneinander gebunden und zu einer leichten Beute für körpereigene Freßzellen, der Makrophagen. Und noch eins: Tritt der Fremdkörper bzw. Krankheitserreger zum zweitenmal auf, dann produzieren die B-Zellen, die über ein sehr gutes Gedächtnis verfügen, in kürzester Zeit so viele Antikörper, daß sich der Eindringling gar nicht erst vermehren kann.

Die Immunologie, ein neuer, ganz eigener Wissenschaftszweig, hat in den vergangenen Jahrzehnten maßgeblich dazu beigetragen, daß wir heute sehr viel davon verstehen, wie das Abwehrsystem des Menschen funktioniert.

Es würde allerdings zu weit führen, an dieser Stelle auf alle Einzelheiten einzugehen, die mittlerweile über die Funktionen und die

Wechselwirkungen der Abwehrzellen bekannt sind, nur eines sei hier noch einmal betont: Dieses System ist ein Wunderwerk natürlicher Abwehrtechnik.

Doch auch das beste System ist nur so gut wie jedes seiner Einzelteile. Und die einzelnen Abwehrzellen, Antikörper und Enzyme können nur dann optimal funktionieren, wenn sie mit den nötigen Vitalstoffen – Vitaminen und Spurenelementen – versorgt sind; und wenn sie nicht durch Umweltschadstoffe, durch Arzneimittel, durch Streß und psychische Belastungen geschwächt werden.

Und damit sind wir wieder bei der Prävention, der Vorsorge vor Krankheiten: Da wir ständig belastenden, schädigenden oder stressenden Faktoren ausgesetzt sind, sollte die Maßnahme Nummer zwei die Stärkung des Immunsystems sein.

Wie das Immunsystem gestärkt werden kann

Eine sehr wirkungsvolle, spezifische und doch in weiten Kreisen der Bevölkerung so unbeliebte Form der Prävention ist die Impfung. Durch den Impfstoff wird dem Immunsystem eine genaue Information über den Krankheitserreger übermittelt, ohne daß der Körper krank wird. Das Abwehrsystem kann sich also – anhand von Attrappen gewissermaßen – auf den Ernstfall vorbereiten.

Eine andere Form der Abwehrstärkung besteht nach dem heutigen Stand des Wissens darin, das Immunsystem ganz allgemein in seiner natürlichen Funktion anzuregen, zu stimulieren. Man spricht in diesem Fall auch von unspezifischer Immunstimulation: Viele Pflanzen beispielsweise enthalten Wirkstoffe, die die Aktivität von weißen Blutkörperchen steigern. Durch Sauerstoff kann die Leistungsfähigkeit des Abwehrsystems gefördert werden. Wasseranwendungen, körperliche Bewegung, Entspannungstechniken und andere zum Teil jahrtausendealten naturheilkundlichen Verfahren haben, wie man heute weiß, einen nachhaltigen Einfluß auf das Immunsystem.

Und nicht zu vergessen: Auch die Ernährung spielt eine entscheidende Rolle bei der Stabilisierung und Aktivierung der körpereigenen Abwehrkräfte.

Prävention durch Ernährung und Substitution von Vitalstoffen

Über die Nahrung wird der Körper mit allen lebensnotwendigen Baustoffen, Kohlenhydraten, Fetten und Eiweißen (auch Makronährstoffe genannt) sowie Vitalstoffen (Vitamine, Mineralien und Spurenelemente) versorgt. Nach Ansicht der Wissenschaftler sollten die Makronährstoffe im Verhältnis 60 Energieprozente Kohlenhydrate zu 30 Prozent Eiweiß und 10 Prozent Fett zugeführt werden. Die Ernährung sollte darüber hinaus möglichst abwechslungsreich und vollwertig sein. Frische Kost ist besser als gekochte (oder gar aus Dosen). Kleine Mahlzeiten sind besser als große, wenig Fett ist besser als viel Fett.

Schwieriger wird es, wenn man versucht, die Lebensmittel nach ihrem Nährwert und ihrer Qualität zu bewerten und auszuwählen, das heißt, wenn man versucht, den täglichen Bedarf an Vitaminen und Spurenelementen, Mineral- und Ballaststoffen gezielt zu dekken – denn nicht immer ist das drin, was draufsteht.

Gerade über die Vitamine wird in der letzten Zeit sehr viel geschrieben und noch mehr gestritten. Warum eigentlich? Vitamine können vom menschlichen Körper – von wenigen Ausnahmen einmal abgesehen (z. B. Vitamin D) – nicht gebildet werden. Sie müssen also über die Nahrung oder über entsprechende Zusätze bzw. Präparate zugeführt werden. Daran besteht heute kein Zweifel. Die Kontroverse entzündet sich vielmehr an der Frage: Reichen die Vitamine, die in der Nahrung enthalten sind, nicht aus, um den Tagesbedarf eines Menschen zu decken? Wozu die ganzen Pillen und Tabletten?

Fit durch Ernährung
»Der Mensch ist, was er ißt« – die Ernährung hat einen hohen Stellenwert im Leben des Menschen. Sie dient der Zufuhr von Energie (Kohlenhydrate und Fette), von Baustoffen (Eiweiß und Mineralstoffe) sowie von Vitalstoffen (Vitamine, Mineralien und Spurenelemente). Darüber hinaus hat die Ernährung natürlich auch soziale und gesellschaftliche Bedeutung. Und nur wenn alle diese Faktoren in gebührendem Maß berücksichtigt werden, ernähren wir uns gesund, bleiben wir gesund.

Keine einfache Frage und deshalb kann darauf auch keine einfache Antwort gegeben werden. Ein Grundproblem besteht schon einmal darin, daß der Bedarf an Vitaminen und Spurenelementen eine variable Größe ist. Was heißt das? Zum einen ist der Bedarf durch die Art und Intensität der Leistung des Organismus bestimmt: Ein Sportler braucht mehr Vitamine als ein Büromensch; ein Gesunder braucht weniger als ein gerade von einer Krankheit Genesener. Und zum anderen ist der Bedarf von der Verwertung des jeweiligen Vitalstoffs abhängig: Einige Vitamine und Spurenelemente können vom Körper gespeichert werden. In einer Mangelsituation kann der Organismus dann – für eine gewisse Zeit zumindest – auf die Reserven zurückgreifen. Andere Vitalstoffe werden nur schlecht resorbiert, das heißt aufgenommen. Das führt dazu, daß der Mensch wesentlich mehr mit der Nahrung aufnehmen muß, als er eigentlich benötigt – den Verlust mit eingerechnet.

Es ist deshalb bei genauerem Hinsehen nicht verwunderlich, daß viele Menschen in Deutschland trotz des Überflusses und der zum Teil unübersehbaren Überernährung an einem Mangel an Vitaminen und Spurenelementen leiden.

Der Mangel im Überfluß
Viele Nahrungsmittel, die wir heute zu uns nehmen, sind qualitativ minderwertig. Das beginnt schon beim Anbau. Die Böden in Deutschland sind zum Beispiel arm an Selen und Jod, zwei sehr wichtigen Spurenelementen. Dann gehen viele Vitamine durch die unsachgemäße Behandlung von Nahrungsmitteln, durch das Konservieren und Kochen verloren. Letztendlich bleiben nur die Energieträger, die Kohlenhydrate und Fette, übrig. Und gerade die brauchen wir am wenigsten.

Besonders kritisch wird die Frage nach dem Bedarf dann, wenn es nicht um die Versorgung im Normalfall, also wenn es nicht um den Bedarf eines Gesunden geht, sondern um Menschen, die entweder besonderen Belastungen ausgesetzt (Schwangere, Leistungssportler und andere), die krank sind oder die sich gerade von einer schweren Krankheit bzw. Operation erholen. In all diesen Fällen liegt der Bedarf weit über der Norm und kann – selbst bei bestem Willen und Bemühen – oft nicht durch die Ernährung gedeckt werden. Das soll an einem Beispiel verdeutlicht werden: am Vitamin C.

Vitamin C – ein Klassiker unter den Vitaminen

Vitamin C – auch unter dem Namen Ascorbinsäure bekannt – ist ein wasserlösliches Vitamin. Es kann von allen Pflanzen und fast allen Tieren gebildet werden. Nur der Mensch hat diese Fähigkeit verloren und ist daher auf die Zufuhr von Ascorbinsäure über die Nahrung angewiesen. Vitamin C wird vom Menschen in erster Linie über den Dünndarm aufgenommen. Die Aufnahmekapazität ist jedoch beschränkt, so daß auch bei großen Mengen an Vitamin C in der Nahrung immer nur ein bestimmtes Quantum über die Schleimhäute ins Blut transportiert werden kann. Zudem verfügt der menschliche Körper nur über geringe Möglichkeiten, die zugeführte Ascorbinsäure zu speichern, jede übermäßige Zufuhr wird daher innerhalb kürzester Zeit über die Nieren wieder ausgeschieden.

Vitamin C ist allerdings nicht gleich Vitamin C. Untersuchungen in Amerika haben ergeben, daß natürliches Vitamin C – dabei handelt es sich um einen Komplex aus Ascorbinsäure und einigen organischen Verbindungen, Flavonoiden (siehe auch Kapitel »Der Extrakt – was er ist und wie er wirkt«) – wesentlich besser vom Körper aufgenommen wird und zugleich wirksamer ist als reine, synthetisch hergestellte Ascorbinsäure.

Das hohe C der Vitamine
Vitamin C erfüllt zahlreiche wichtige Aufgaben im Körper: Es beeinflußt den Eisenstoffwechsel; es spielt eine wichtige Rolle bei der Reifung der roten Blutkörperchen (der Erythrozyten); es verhindert die Entstehung von krebserregenden Nitrosaminen (z. B. in gepökeltem Fleisch enthalten) im Verdauungstrakt; es steigert die Leistungsfähigkeit des Immunsystems, und Vitamin C ist eines der wichtigsten wasserlöslichen Antioxidanzien im menschlichen Körper. Es reagiert also mit freien, toxischen Sauerstoffradikalen und macht sie unschädlich.

Was sind freie Radikale, und wie gefährlich sind sie wirklich?

Freie Radikale sind hochreaktive chemische Verbindungen, die organische Substanzen ungezielt und wahllos angreifen und zerstören. Eiweiße werden durch freie Radikale »denaturiert«, das heißt funktionsuntüchtig gemacht, Fette werden verändert – sie werden

Oxidativer Streß – die unterschätzte Gefahr
Schätzungen zufolge wird die Erbsubstanz eines Menschen pro Tag etwa zehntausendmal durch freie Radikale geschädigt. Daß von diesen molekularen Veränderungen nichts zurückbleibt, dafür sorgt eine sehr gut ausgebildetes Reparatursystem. Die Zahl der freien Radikale in unserem Körper nimmt jedoch drastisch zu. Die Ursachen sind vielfältig: durch den Konsum von Zigaretten, durch Ozon, Abgase und Schwermetalle. Aber auch Streß ist mitverantwortlich für die Bildung von freien Radikalen.

gewissermaßen ranzig – , und sogar die menschliche Erbsubstanz, die DNA, kann durch freie Radikale geschädigt werden.

Radikale kommen überall vor: in der Luft, in Autoabgasen (Smog), im Ozon, aber auch im Zigarettenrauch. Sie entstehen, wenn UV-Strahlen oder andere energiereiche Strahlen in die Haut eindringen (Vorsicht beim Sonnenbaden!). Und sie werden auch vom menschlichen Körper selbst gebildet. Neueste wissenschaftliche Untersuchungen haben nämlich gezeigt, daß freie Radikale einer bestimmten Gruppe von weißen Blutkörperchen, den Makrophagen, dazu dienen, Bakterien und andere Krankheitserreger zu zerstören. So ist beispielsweise eine hohe Konzentration an freien Radikalen im Blut meßbar, wenn eine Infektion vorliegt oder sich ein Organ oder Gewebe entzündet hat. In jedem Fall müssen diese Radikale wieder neutralisiert werden, damit sie keinen Schaden an gesunden Zellen anrichten. Und dazu sind Antioxidanzien wie beispielsweise das Vitamin C erforderlich.

Grapefruitkernextrakt ist reich an natürlichem Vitamin C und kann daher im Rahmen einer allgemeinen Krankheitsvorsorge als eine wertvolle Nahrungsergänzung eingesetzt werden. Schon durch die Gabe von 10 bis 20 Tropfen Grapefruitkernextrakt pro Tag wird das Abwehrsystem unterstützt und die Bildung von freien Radikalen im Körper vermindert.

Prävention – die Medizin von morgen?

Prävention ist ein elementarer Grundbaustein der Medizin – das wußten schon die Ärzte im Altertum und das wissen wir auch heute. Prävention ist darüber hinaus ein langfristiger und effektiver Beitrag zur Kostendämpfung im Gesundheitssystem. Und auch die im Rahmen einer systematischen Gesundheitspflege und Krankheitsvorsorge über Jahrtausende erprobten und erfolgreichen Maßnahmen – die gesunde Ernährung und die Bewegung – sind durchaus preisgünstig. Bei Menschen, die besonderen Belastungen in Umwelt, Beruf oder persönlicher Entwicklung ausgesetzt sind, sollte darüber hinaus eine gezielte Substitution erfolgen. Dabei empfiehlt sich insbesondere der Einsatz von natürlichem Vitamin C. Grapefruitkernextrakt, als Nahrungsergänzung, bietet eine wirksame und zugleich einfache Möglichkeit, den bei diesen Menschen besonders hohen Bedarf an natürlichem Vitamin C zu decken und die Abwehrkräfte des Körpers zu stärken. Dazu genügt schon die Einnahme von 10 bis 20 Tropfen verdünnten Grapefruitkernextrakts, kurmäßig über einen Zeitraum von etwa acht Wochen.

Die Anwendung
... innerlich

Grapefruitkernextrakt wird in Deutschland als Nahrungsergänzung geführt. Einige wenige Anbieter deklarieren ihn sogar als Kosmetikum. Auf keinen Fall ist GKE ein Arzneimittel – obwohl der Extrakt von vielen therapeutisch verwendet wird. Deshalb finden Sie auch auf den Packungen seriöser Händler keine genauen Angaben, wie der Extrakt bei dieser oder jener Erkrankung anzuwenden ist. Solche Angaben dürfen nur bei einem Arzneimittel gemacht werden, Ausnahmen sind spezielle Homöopathika. Sie können dies auch nutzen, um die Seriosität eines Händlers zu prüfen: Ein Händler, der einfach eine Liste mit Anwendungshinweisen bei Krankheiten verschickt oder seinen Produkten beifügt, handelt nicht gesetzeskonform.

In diesem Kapitel erhalten Sie die Informationen, die den GKE-Produkten nicht beigefügt werden dürfen. Hier erfahren Sie, bei welchen Erkrankungen und Befindensstörungen mit dem Einsatz von Grapefruitkernextrakt gute Erfahrungen gemacht wurden.

Zuvor noch ein kurzer Ausflug in die sogenannte Pharmakologie und Klinik: Grapefruitkernextrakt enthält Vitamin C sowie eine Reihe von Bioflavonoiden. Diese Inhaltsstoffe sind zwar von ihrer chemischen Struktur her betrachtet ganz verschieden, in ihrer Wirkung ergänzen und unterstützen sie sich jedoch auf effektive und natürliche Weise – man sagt dazu auch, sie wirken synergistisch. Die Bioflavonoide beispielsweise üben eine wachstumshemmende Wirkung auf Bakterien, Viren und Pilze aus. Das natürliche Vitamin C wiederum unterstützt das Immun- bzw. Abwehrsystem des

Menschen. Gemeinsam tragen die Inhaltsstoffe des Grapefruitkernextrakts somit dazu bei, daß der Mensch im Kampf gegen die unzähligen bekannten und zum Teil auch noch unbekannten Krankheitserreger den Sieg davonträgt.

Um die Wirkungen bzw. die Wirksamkeit des Grapefruitkernextrakts besser erfassen zu können, wurden in Amerika in den vergangenen Jahren zahlreiche wissenschaftliche Untersuchungen durchgeführt. In Versuchen an Zellkulturen kamen die Forscher zu dem Ergebnis, daß der Extrakt die Vermehrung von 800 Bakterien- und etwa 100 Pilzstämmen hemmt, ohne daß dabei Resistenzbildungen oder andere Wirksamkeitsverluste zu beobachten gewesen wären.

Im nächsten Schritt setzten die Forscher den Extrakt bei einer ganzen Reihe von Infektionserkrankungen ein, sowohl bei Erkrankungen, die durch Bakterien, als auch solchen, die durch Viren oder durch Pilze hervorgerufen werden – in vielen Fällen mit Erfolg! Mit anderen Worten, Grapefruitkernextrakt hat ein sehr breites Wirkungsspektrum, ein breiteres als beispielsweise Antibiotika (denn Antibiotika wirken nur bei Bakterien) oder Antimykotika (die wiederum wirken nur bei Pilzerkrankungen). Aber auch bei nichtinfektiösen Erkrankungen entfaltet GKE eine erstaunliche und vielversprechende Wirkung. Doch dazu später mehr.

Infektionserkrankungen

Magengeschwür – dein Name ist Helicobacter pylori

Schätzungen zufolge leiden heute etwa 30 Prozent aller Bundesbürger gelegentlich oder häufiger unter Oberbauchbeschwerden. Die einen empfinden ein unangenehmes Sättigungs- oder Völlegefühl, obgleich sie noch gar nicht viel gegessen haben (vorzeitiges Sättigungsgefühl), die anderen leiden unter starken Blähungen oder Schmerzen, wieder anderen ist übel oder sie müssen sich übergeben.

Die Ursachen für diese Beschwerden können ganz unterschiedlicher Natur sein und reichen von Streß über unregelmäßige bzw. übermäßige Nahrungsaufnahme bis hin zu Erkrankungen der Galle, Leber oder Bauchspeicheldrüse sowie Infektionen. Vor Beginn der Behandlung ist daher eine gründliche und genaue Anamnese und Diagnosestellung erforderlich. In der Regel werden dafür eine Sonografie (Ultraschall), eine Gastroskopie und eine Laboruntersuchung des Blutes durchgeführt. In etwa einem Drittel aller Fälle lassen sich Schleimhautentzündungen und Magen- bzw. Zwölffingerdarmgeschwüre nachweisen. Diese Geschwüre stellten die Ärzte und Wissenschaftler über lange Jahre vor ein unlösbares Rätsel, da sie, wenn sie einmal aufgetreten waren, bei vielen Patienten rezidivierten, das heißt immer und immer wieder kamen.

Anfangs ging man davon aus, daß ein Überschuß an Magensäure für die lokale Zerstörung der Magenschleimhaut verantwortlich ist (»Ohne Säure kein Ulkus«). Doch auch mit den wirksamsten Säurehemmern – das sind Wirkstoffe, die die Säureproduktion im Magen blockieren – wurden die Wissenschaftler und Ärzte dem Problem nicht Herr. Es mußte also noch eine andere Ursache geben.

Und die gibt es auch: 1979 entdeckte ein australischer Pathologe, J. Robert Warren, vom königlichen Krankenhaus in Perth, ein Bakterium, das – nach heutigem Stand des Wissens – für die Entstehung und am Weiterbestehen von Entzündungen in der Magenschleimhaut verantwortlich ist.

Nach Warrens Beobachtungen kam dieses Bakterium lediglich auf entzündetem Gewebe von Patienten mit Gastritis (Magenschleimhautentzündung) vor. Tief in die zähe Schleimschicht des Magens zurückgezogen, war dieses Bakterium gegen die Säure im Magen geschützt. In den darauffolgenden Jahren versuchten Warren und sein Mitarbeiter Barry J. Marshall das Bakterium zu isolieren und zu kultivieren. Im Frühjahr 1982 hatten sie endlich – nach vielen

Magen und Darm – Spiegel der Seele
Starke Schmerzen im Oberbauch, Völlegefühl, Übelkeit und Blähungen veranlassen jährlich über vier Millionen Menschen dazu, einen Arzt aufzusuchen. In vielen Fällen sind diese Beschwerden psychosomatisch bedingt, das heißt seelische und psychische Probleme sowie Streß schlagen den Menschen sprichwörtlich auf den Magen. Die Ursachen können jedoch auch organischer Natur sein, zum Beispiel auf eine Infektion zurückgehen – in jedem Fall ist eine gründliche Untersuchung erforderlich.

vergeblichen Anläufen – Erfolg und tauften den Mikroorganismus *Campylobacter pyloridis.*

1983 wurden die Ergebnisse publiziert und bestätigt. Sie konnten von Forschungslabors auf der ganzen Welt reproduziert, das heißt nachvollzogen werden. Genauere Untersuchungen ergaben allerdings, daß das Bakterium nicht zur Gattung *Campylobacter* gehört, deswegen gab man ihm einen neuen Namen: *Helicobacter pylori.* Eine Frage war jedoch nach wie vor unbeantwortet geblieben: Stellen die Entzündungen im Magen bzw. Darm nur ideale Wachstumsbedingungen für das Bakterium dar, oder ist der Keim selbst der Verursacher dieser Erkrankung?

Zwei junge, gesunde Männer, darunter auch Warrens Mitarbeiter Harrison, machten einen Selbstversuch: Sie nahmen eine Probe des Bakteriums zu sich. Mit dem Ergebnis, daß sie schon nach wenigen Tagen eine Magenschleimhautentzündung entwickelten. Der Beweis war erbracht, aber es dauerte noch einige Jahre, bis diese wissenschaftliche Neuentdeckung Einzug in die allgemeine Lehrmeinung fand.

Aus eigener Kraft gelingt es dem Körper nur selten, diesen Erreger wieder loszuwerden. Zur Behandlung von *Helicobacter* induzierten Magenschleimhautentzündungen werden daher heute Antibiotika, Wismutpräparate und andere stark wirksame Medikamente – häufig in Kombination – eingesetzt.

Als sensationell können die Befunde aus Amerika angesehen werden, denen zufolge *Helicobacter* auch mit Hilfe von Grapefruitkernextrakt erfolgreich bekämpft werden kann. Durch die Gabe von täglich zweimal 5 bis 10 Tropfen GKE wird der Keim meist innerhalb von 14 Tagen abgetötet. Die Beschwerden lassen schon nach etwa ein bis zwei Wochen nach. Rückfälle wurden nur in seltenen Fällen beobachtet.

Aber nicht nur Helicobacter, auch andere Krankheitskeime können sich im menschlichen Organismus ausbreiten, insbesondere wenn das Immunsystem geschwächt ist.

Mitunter verlaufen solche Infektionen stumm, das heißt, wir merken gar nicht, daß wir einen ungebetenen Gast beherbergen.

Gesucht und gefunden: Helicobacter pylori
Annähernd 95 Prozent aller Patienten mit Zwölffingerdarmgeschwür sind mit diesem Keim infiziert. Das Risiko, daß binnen zehn oder zwanzig Jahren nach der Infektion aus einer chronischen Gastritis ein Magen- oder Zwölffingerdarmgeschwür, ein Ulkus, entsteht, steigt auf das Drei- bis Zwölffache, wenn man nichts gegen den Erreger tut. Weitere Untersuchungen ergaben, daß Träger von *Helicobacter pylori* – über einen Zeitraum von zwanzig Jahren gesehen – sechsmal häufiger an Magenkrebs erkranken als Menschen ohne diesen Keim. Für Tumore im unteren Bereich des Magens, wo sich die Bakterien bevorzugt ansiedeln, war die Wahrscheinlichkeit sogar zwölfmal so groß.

Dosierung bei Helicobacter-Infektionen
Nehmen Sie eine Tagesdosis von 10 bis 20 Tropfen GKE (am besten aufgeteilt in zwei bis drei Portionen. Die Tropfen lösen Sie in einem Glas Wasser oder – schmeckt besser – in einem Glas Orangensaft auf). Alternativ dazu: Täglich 2 Tabletten mit jeweils 100 Milligramm GKE. Nach spätestens drei Wochen sollte eine Besserung der Beschwerden eintreten.

Und die diffusen Beschwerden, wie zum Beispiel Müdigkeit, Konzentrationsstörungen, Migräne, werden von den Betroffenen – und allzuoft auch von Therapeuten – nicht richtig interpretiert.

Erst vor wenigen Jahren ist eine ganze Gruppe von Krankheitserregern in den Blickpunkt des wissenschaftlichen Interesses gerückt. Erreger, die derartige Befindlichkeitsstörungen, aber auch schwerwiegende Krankheiten hervorrufen können: die Pilze.

Pilzerkrankungen

Pilzerkrankungen, sogenannte Mykosen, sind, wenn man den mahnenden Worten einiger Ärzte und Therapeuten Glauben schenken will, zu einer neuen Volkskrankheit geworden. Schimmelpilze, wie zum Beispiel Mucor oder Aspergillus, aber noch viel mehr ein Hefepilz namens *Candida albicans* haben in den letzten Jahren immer wieder für Schlagzeilen gesorgt. *Candida albicans* gehört zu einer großen Gruppe von Hefepilzen, die sich im menschlichen Organismus einnisten können, die aber in aller Regel nur wenig pathogen für ihren Wirt, sprich den betroffenen Menschen, sind. Man sagt dazu auch: Sie sind fakultativ pathogen, das heißt, sie verursachen nur dann eine Krankheit, wenn noch andere Voraussetzungen erfüllt sind, etwa wenn das Immunsystem gestört ist.

Steckbrief: Candida albicans
Candida albicans gehört zur Gruppe der Hefe- oder Sproßpilze. Diese Pilze sind mikroskopisch klein, sie vermehren sich sehr rasch durch Sprossung oder Teilung und sind darüber hinaus in der Lage, sogenannte Hyphen zu bilden, mit denen sie in das Substrat, auf dem sie gerade wachsen – das heißt mitunter auch in die menschliche Magen-Darm-Schleimhaut –, eindringen können.

In Untersuchungen an Tieren konnte gezeigt werden, daß *Candida albicans* Toxine, Giftstoffe, produziert und an seine Umgebung abgibt. Das Canditoxin beispielsweise beeinträchtigt die Leistung des Immunsystems und fördert auf diese Weise die Ausbreitung des Pilzes im Wirtsorganismus. Inwieweit diese tierexperimentellen Beobachtungen auf den Menschen übertragen werden können, ist noch offen. Es würde den Rahmen dieses Buches sprengen, wenn wir darüber spekulieren wollten, wie schädlich Candida möglicherweise auch für einen gesunden Menschen sein kann und ob er überhaupt im Darm des Menschen vorkommen sollte oder nicht. Tatsache ist, daß er bei etwa achtzig Prozent aller Menschen – wenn auch in sehr geringen Mengen – in den Schleimhäuten des Magen-Darm-Trakts und im Stuhl nachgewiesen werden kann. Nach Aussage von Gastroenterologen leiden die meisten »Träger« von Candida jedoch an keinen Beschwerden, denn Candida ist ein fakultativ pathogener Keim. Und das bedeutet, ein gesunder Mensch mit einem starken Immunsystem wird mit den Pilzen im Darm ebenso fertig wie mit den Pilzen auf der Haut.

Ganz anders verhält es sich, wenn der betreffende Mensch oder, besser gesagt, sein Abwehrsystem infolge Streß oder durch andere Krankheiten oder Umstände – möglicherweise auch eine Operation

Candida – Krankheit der Kranken
Ein gesunder Körper ist in der Lage, Hefepilze zu erkennen und zu bekämpfen. Bei Menschen mit einem geschwächten Immunsystem kann Candida jedoch alle Bereiche des Verdauungstrakts befallen: die Mundschleimhaut, man spricht hier von Soor, die Speiseröhre (Ösophagusmykose), den Magen, den Dünndarm und den Dickdarm.

oder eine Arzneimitteltherapie, die die Magen-Darm-Flora aus dem Gleichgewicht gebracht hat – geschwächt ist. Dann können sich die Pilze ungehindert ausbreiten und verursachen deutliche Beschwerden. Auf eine einfache Formel gebracht: Candida ist eine Krankheit der Kranken.

Eine Ösophagusmykose beispielsweise entwickelt sich in aller Regel schleichend und ohne makroskopisch, das heißt mit bloßem Auge, erkennbare Veränderungen oder Verfärbungen (Belag, Rötung etc.). Plötzlich auftretende Schmerzen beim Schlucken können ein wichtiger Hinweis auf eine Pilzinfektion sein. Die Diagnose läßt sich in einem solchen Fall nur durch eine Schleimhautbiopsie sichern.

Pilzerkrankungen des Magens und des Zwölffingerdarms sind eher selten. Prinzipiell können aber die gleichen Erscheinungsformen wie bei einer Ösophagitis auftreten.

Hefepilze, wie zum Beispiel Candida, breiten sich mit Vorliebe im Dünndarm aus. Dort herrschen geradezu ideale Lebensbedingungen für den Schmarotzer. Der Säuregehalt des Dünndarmsekrets ist nicht so hoch wie im Magen. Die Oberfläche des Dünndarms ist millionenfach gefaltet und vergrößert, um den Nährstoffen, die hier aufgenommen werden sollen, eine möglichst große Oberfläche zu

Dosierung bei Pilzerkrankungen
Die Behandlung von Candida-Mykosen ist abhängig von der Schwere und der Lokalisation des Befalls. Bei Pilzbefall der Mundschleimhäute geben Sie täglich dreimal 5 Tropfen GKE in ein Glas Wasser. Spülen und gurgeln Sie dann den Mund- und Rachenraum gründlich aus. Bei Mykosen im Dünndarm empfiehlt sich die Gabe von dreimal 5 bis 10 Tropfen Grapefruitkernextrakt pro Tag über einen Zeitraum von ca. sechs Wochen. Kinder mögen lieber die Tabletten (1 bis 2 pro Tag) oder das Pulver (eine gute Messerspitze pro Glas Wasser).

bieten. In den Zwischenräumen der Zotten können sich die Pilze gut einnisten und verstecken. Durch die Pilze, die mit ihren langen Fortsätzen – den Hyphen – in die Zellen der oberen Schleimhautschicht einwachsen können, werden Entzündungen hervorgerufen und auf Dauer erhalten. Einige Therapeuten empfehlen – aufgrund der durch die Abtötung der Pilze schlagartig freiwerdenden Toxine – eine einschleichende Dosierung, das heißt täglich dreimal 2 Tropfen in der ersten, zweimal 5 Tropfen in der zweiten und dreimal 10 Tropfen in der dritten Woche. Die letzte Dosierung wird dann weitere vier Wochen lang beibehalten.

Andere Magen-Darm-Infektionen

Es ist noch gar nicht so lange her, da gingen wieder einmal Schreckensmeldungen durch die Presse: »Cholera-Epidemie in Rumänien und der Ukraine ausgebrochen.« Diese mit Durchfällen und Erbrechen einhergehende Darmerkrankung wird durch ein Bakterium der Spezies *Vibrio cholerae* verursacht. Die Infektion erfolgt fast ausschließlich durch direkten Kontakt von Mensch zu

Mensch oder durch verunreinigtes Trinkwasser bzw. verunreinigte Nahrung. Eine epidemische Ausbreitung dieser Erkrankung ist daher eigentlich nur in Ländern der Dritten Welt, in Slums und Armenvierteln zu erwarten.

Auch die Ruhr (der Erreger ist ein Einzeller der Spezies *Entamoeba histolytica)*, die Salmonellosen und Durchfallerkrankungen, die auf pathogene Kolibakterien zurückzuführen sind, haben in Europa in den letzten Jahren einen traurigen Wiederaufschwung erlebt. Stark begünstigt wird diese Entwicklung – nach Aussage von Wissenschaftlern – durch den Anstieg des internationalen Reiseverkehrs. Auf ihren Reisen in subtropische und tropische Regionen dieser Erde kommen viele Touristen und Geschäftsleute mit den tückischen Erregern dieser Magen-Darm-Erkrankungen in Berührung und bringen sie bei ihrer Rückkehr mit nach Europa.

Aufgrund seiner wachstumshemmenden und immunstimulierenden Wirkung kann Grapefruitkernextrakt auch in diesen Fällen, natürlich in Ergänzung zu anderen medizinisch notwendigen Mitteln, zum Einsatz gebracht werden. Da der Extrakt – wie in Untersuchungen an Zellen nachgewiesen werden konnte – nur auf pathogene Keime hemmend wirkt, die natürliche Darmflora jedoch unbehelligt läßt, kann er sowohl zur Prophylaxe als auch zur Therapie

Die zwei Seiten einer Medaille
Viele Menschen zieht es im Urlaub in die Ferne. Der Tourismus gerade in den tropischen und subtropischen Regionen dieser Erde boomt. Doch nicht selten wird die Erlebnisreise zu einem Horrortrip, dann nämlich, wenn sich der Erholungssuchende eine Infektion zuzieht. Grapefruitkernextrakt – zur Desinfektion und zur Abwehrstärkung – sollte daher in keiner Reisetasche fehlen.

über einen längeren Zeitraum angewendet werden. Der Extrakt eignet sich darüber hinaus zur Desinfektion von verseuchtem Trinkwasser und könnte einer weiteren Ausbreitung der Epidemie entgegenwirken.

Erkältungskrankheiten, Grippe

Jedes Jahr im Frühling oder im Herbst füllen sich die Wartezimmer der Arztpraxen mit Patienten, die über Schnupfen, Halsschmerzen, Husten, Kopf- und Gliederschmerzen klagen. Die Erkältung – wer kennt sie nicht! Der Schnupfen gehört zu den häufigsten Infektionserkrankungen überhaupt. Jeder zweite Bundesbürger wird im Verlauf eines Jahres mindestens einmal, im Durchschnitt jedoch fünf- bis sechsmal von den sogenannten Rhinoviren, den Erregern des Schnupfens, heimgesucht.

Obgleich lästig und vor allem höchst ansteckend, wird der »gemeine Schnupfen« von vielen Menschen nicht ernstgenommen. Anders verhält es sich dagegen mit der Grippe. Der Erreger der Grippe, das Influenzavirus Typ A und B, ist weitaus aggressiver als das »Schnupfenvirus« und hat in der Vergangenheit wiederholt Todesopfer gefordert (1968/69 starben durch die sogenannte Hongkong-Grippe allein in Deutschland etwa 20 000 Menschen, 1990 kamen 738 Menschen durch Influenza ums Leben).

Die Grippe wird, ähnlich wie der Schnupfen, durch Tröpfcheninfektion übertragen. Mit einem Hustenstoß werden eine Vielzahl von Viren in den Raum geschleudert, die weitere Menschen anstecken können. Die Inkubationszeit, das heißt die Zeit zwischen der Ansteckung und dem spürbaren Ausbruch der Erkrankung, liegt zwischen fünf und sieben Tagen. Als erstes treten Gliederschmerzen, Halsschmerzen, vermehrte Schleimsekretion in Nase und Rachen sowie Fieber auf. Der Betroffene fühlt sich abgeschlagen und matt.

Jederzeit Grippezeit
Die Erreger der Erkältung und Grippe sind von Natur aus nicht an bestimmte Jahreszeiten gebunden, sie breiten sich aber bevorzugt im Frühjahr und im Herbst aus – dann nämlich, wenn die Menschen durch die wechselhaften Witterungsbedingungen belastet sind und das Abwehrsystem geschwächt ist. Das ganze Jahr über besonders anfällig gegenüber Erkältungskrankheiten sind ältere Patienten, Patienten mit chronischer Bronchitis, Diabetiker, aber auch Hochleistungssportler und dauergestreßte Manager sowie Hausfrauen, die große Familien versorgen müssen und häufig noch nebenbei arbeiten.

Erkältungskrankheiten und Grippe haben auch – wie man sich unschwer vorstellen kann – eine große volkswirtschaftliche Bedeutung: Wenn von den 80 Millionen Bundesbürgern in Deutschland auch nur die Hälfte fünf- bis sechsmal pro Jahr an Grippe oder Schnupfen erkrankt, dann bedeutet das etwa 240 Millionen Arztbesuche und – bei etwa fünf Fehltagen pro Patient, grob gerechnet – 1,2 Milliarden Fehltage. Da ist es naheliegend, daß sich Wissenschaftler auf der ganzen Welt damit befassen, Erkältungskrankheiten und Grippe zu bekämpfen, sei es mit Hilfe von Impf- oder anderen Wirkstoffen. Die Ergebnisse waren jedoch bislang, von den Grippeimpfungen einmal abgesehen, eher unbefriedigend.

Die beste Erkältung ist selbstverständlich die, die gar nicht erst ausbricht. Als Mittel der ersten Wahl sind daher die Prophylaxe im Sinn einer spezifischen (Impfung) oder unspezifischen Steigerung der Abwehrkräfte zu nennen. Neben den klassischen Hausmitteln – wie etwa Sauna, heißes Baden und kaltes Abduschen und Bewegung an der frischen Luft – und den bekannten Heilpflanzen –

Echinacea purpurea, der rote Sonnenhut, um nur ein Beispiel zu nennen – hat sich auch der Grapefruitkernextrakt als unspezifisches Immunstimulans bewährt. Durch die Gabe von dreimal 5 bis 7 Tropfen pro Tag GKE über vier bis sechs Wochen werden die Abwehrkräfte des Körpers nachhaltig gestärkt.

Nichtinfektiöse Erkrankungen

Allergien

Alles hat bekanntlich seine zwei Seiten, so auch das Immunsystem. Ohne jene schlagkräftige Armee von weißen Blutkörperchen – Makrophagen, NK-Zellen und T-Lymphozyten –, die Bakterien, Viren und andere Krankheitserreger angreifen und augenblicklich zerstören, und ohne die wundersamen und hochspezifischen Moleküle im Blut, die Antikörper, die fremde Moleküle erkennen und verklumpen, wären wir jeder Krankheit wehrlos ausgeliefert.

Aber wehe, wenn dieses Abwehrsystem sich gegen harmlose Stoffe aus unserer täglichen Umwelt oder gar den eigenen Körper wendet. Im ersten Fall spricht man von Allergie, im zweiten von einer sogenannten Autoimmunerkrankung. Beide Prozesse stellen die Wissenschaftler auch heute noch vor ungelöste Rätsel. Wie kommt es zum Beispiel, daß Menschen zwei Drittel ihres Lebens mit Gräsern oder Pollen aller Art in Berührung kommen und weder niesen noch husten müssen – und dann mit einemmal eine starke Allergie gegen eben diese Pollen bzw. Gräser entwickeln? Wie kommt es, daß der eine Mensch nach einem Insektenstich nur eine heftige Reaktion zeigt, der andere jedoch gleich mit einem anaphylaktischen Schock – der schwersten Form einer allergischen Reaktion – ins Krankenhaus gebracht werden muß?

Wie auch immer, die Allergie ist eine überschießende Immunreaktion, eine sehr heftige, in einigen Fällen sogar lebensbedrohliche Abwehrreaktion gegen völlig harmlose Bestandteile unserer Um-

Wenn das Immunsystem über die Stränge schlägt
Immer mehr Menschen – besonders auch Kinder – leiden an allergischen Erkrankungen. Ausgelöst durch Pollen, Hausstaubmilben, Pilze und anderes mehr entzünden sich bei diesen Menschen die Nasen und Rachenschleimhäute, die Augen und die Haut. Eine kausale, die Ursache der Erkrankung angehende Behandlungsmethode konnte bislang noch nicht gefunden werden.

welt. Und das läuft folgendermaßen ab: Kommt ein Allergiker mit einem bestimmten Stoff in Berührung, werden von einer speziellen Gruppe weißer Blutkörperchen, den B-Zellen, Antikörper vom Typ IgE gebildet. Wenn diese IgE-Antikörper an sogenannte Mastzellen – das sind weiße Blutkörperchen, die eine große Menge an Botenstoffen gespeichert haben – binden, werden die Botenstoffe, darunter auch Histamin, freigesetzt. In der Folge wird die Schleimbildung in Nase und Rachen angeregt; die Bronchien werden verengt; die feinen Blutgefäße werden weit gestellt und durchlässig gemacht – insbesondere durch das Histamin –, so daß Flüssigkeit ins Gewebe sickern kann. Dadurch kommt es zu den typischen Rötungen und Schwellungen in den entzündeten Bereichen.

Allzuoft können wir den allergieauslösenden Umweltstoffen – wie etwa Pollen, Tierhaare, Hausstaubmilben – auch gar nicht aus dem Weg gehen, so daß nach heutigem Ermessen die einzig wirkungsvolle Therapie darin besteht, die irregeleitete Abwehrreaktion abzudämpfen bzw. die Kette von immunologischen Reaktionen zu unterbrechen. Hier haben sich unter anderem die sogenannten Antihistaminika bewährt.

Neben dieser allergischen »Sofortreaktion« gibt es auch noch eine andere, weniger rasche Reaktion, an der die Antikörper IgG und IgM beteiligt sind. Die Abwehrreaktion wendet sich bei diesem Typ von Allergien ausschließlich gegen Nahrungsmittel – daher wurde sie auch fälschlicherweise als Nahrungsmittelintoleranz interpretiert.

Bei der IgG-vermittelten Allergie müssen die »unerwünschten« Nahrungsbestandteile jedoch erst einmal durch die Magenschleimhaut ins Blut gelangen, wo sie dann von IgG-Antikörpern erkannt und durch Freßzellen beseitigt werden. Eine ideale Voraussetzung dafür bietet ein durch chronische Entzündungen geschädigter Magen. Die entzündete Magenschleimhaut ist dünn und durchlässig. Auch die Sekretion von Magensaft ist in aller Regel gestört, und so werden die großen und möglicherweise allergenen – das heißt eine Allergie auslösenden – Nahrungsbestandteile nur unzureichend verdaut und gelangen so ins Blut.

Der Grapefruitkernextrakt greift in dieses Geschehen nicht nur an einer Stelle, sondern gleich an verschiedenen Stellen ein: Wie bereits beschrieben, werden Magenschleimhautentzündungen in vielen Fällen von pathogenen Keimen – von Bakterien oder Pilzen – ausgelöst und unterhalten. Durch die im Extrakt enthaltenen Wirkstoffe werden diese Erreger in ihrem Wachstum gehemmt und zerstört. Der »Entzündungsherd« erlischt. Darüber hinaus haben einige der Flavonoide auch regulierende und regenerierende Eigenschaften, so daß die in der Magenschleimhaut entstandenen Wunden schneller abheilen. Anderen Inhaltsstoffen im Grapefruitkern werden antiallergische Wirkungen zugesprochen. Die wissenschaftlichen Untersuchungen hierzu sind jedoch noch nicht abgeschlossen.

Dosierung bei Allergien

Tagesdosis von 10 bis 20 Tropfen GKE (gelöst in viel Wasser oder Fruchtsaft) oder 2 Tabletten mit jeweils 100 mg GKE.

Anwendungsempfehlungen
Nun, am Ende dieses Kapitels noch einige grundsätzliche Anmerkungen zur inneren Anwendung von Grapefruitkernextrakt: Es empfiehlt sich, 5 bis 8 Tropfen des Grapefruitkernextrakts mehrmals täglich stark verdünnt einzunehmen. Durch den hohen Gehalt an Fruchtsäuren und Vitamin C ist der Extrakt sehr sauer und sollte daher auf keinen Fall unverdünnt eingenommen werden. Es ist ratsam, die Tropfen in Wasser, besser noch in Fruchtsaft zu geben. Die Behandlungsdauer richtet sich natürlich nach Schwere und Dauer der Erkrankung. Alternativ können Sie auch zum flüssigen Grapefruitkernextrakt Tabletten (2 Tabletten mit jeweils 100 mg Wirkstoff) oder gegebenenfalls zwei Messerspitzen voll GKE-Pulver nehmen.

Entzündungen

Eine Entzündung ist noch keine Krankheit – ebensowenig wie Fieber. Vielmehr ist eine Entzündung (und so auch das Fieber) eine natürliche Abwehrreaktion des Körpers auf bzw. gegen Fremdkörper, Giftstoffe oder Keime. Bei einer Verletzung beispielsweise tritt innerhalb kürzester Zeit eine Entzündung auf. Die betroffene Stelle wird rot, geschwollen, manchmal sogar heiß, und wir spüren einen Schmerz. Diese charakteristischen Symptome rühren daher, daß bei einer Verletzung ganz bestimmte Botenstoffe freigesetzt werden, die weiße Blutkörperchen anlocken, die Durchblutung in dem verletzten Areal herabsetzen (um einem übermäßigen Blutverlust entgegenzuwirken) und die Schmerzrezeptoren stimulieren. Durch die lokale Steigerung der Blutgerinnung entsteht ein Blutpfropf – wir nennen ihn auch Schorf – , der die Wunde abschließt und somit verhindert, daß weiterer Schmutz oder Keime in den Körper dringen können. Die Aufräumarbeiten laufen sodann auf Hochtouren – und das alles im Rahmen eines Prozesses, den wir etwas geringschätzig als Entzündung bezeichnen.

Doch nicht immer führt die Entzündung zu dem gewünschten Erfolg. In solchen Fällen ist es ratsam, die oben geschilderten entzündlichen Reaktionen durch geeignete Methoden zu dämpfen bzw. zu steuern. Pflanzliche Antiphlogistika, wie beispielsweise die ätherischen Öle der Kamille oder die Enzyme aus der Ananas (Bromelain) und so auch die Wirkstoffe aus dem Grapefruitkern, führen zu einer langsamen physiologischen Dämpfung der Entzündung, ohne den natürlichen Heilungsprozeß zu beeinträchtigen.

Die Anwendung
... äußerlich

Die Haut ist mehr als nur eine »Verpackung«. Kein synthetisches Textil kann so viel wie die Haut. Sie ist wasserdicht und läßt doch einen Feuchtigkeitsaustausch von außen nach innen und umgekehrt zu. Sie schützt vor Austrocknung, hält Hitze und Kälte ab. Als Sinnesorgan leitet sie Reize an das Nervensystem weiter und schenkt uns den Tastsinn. Durch die Haut kommen wir mit der Umwelt in Berührung.

Entsprechend ihren vielen Aufgaben zeigt die Haut eine äußerst komplexe Struktur. Das Wunder aber liegt im Detail: Ein etwa daumennagelgroßes Hautareal enthält zum Beispiel an die drei Millionen Zellen, rund neunzig Zentimeter Blutgefäße, dreieinhalb Meter Nervenfasern und hundert Schweißdrüsen.

Viele wissen nicht, daß die Haut ein regelrechtes Organ ist, und zwar das größte des menschlichen Körpers, wobei es ungefähr zehn Prozent des Körpergewichts ausmacht. Beim erwachsenen Menschen beträgt die Fläche zwischen 1,6 bis 2 Quadratmeter – ein großer Schutzschild also, denn die Hauptaufgabe der Haut ist die Verteidigung des Inneren vor der Außenwelt, vor Wind und Wetter, vor Fremdkörpern, Umweltgiften und Krankheitserregern. Unter den letztgenannten spielen besonders Bakterien, Viren und Pilze eine große Rolle. Millionen davon umgeben uns ganz hautnah. Auch wenn wir täglich duschen, machen sie sich dennoch in einer großen Anzahl auf unserer Haut breit. Im Normalfall können sie uns nichts anhaben – außer die Schutzschicht verliert ihre Kraft, weil sie zum Beispiel äußerlich verletzt oder von innen her geschwächt wird oder

Die Vielschichtigkeit der Haut
Die dünne Oberhaut der Epidermis ist ein mehrschichtiges verhornendes Plattenepithel, eine Hornschicht, die sich immer wieder erneuert. Sie ist an den Handtellern und Fußsohlen zirka ein Millimeter, sonst nur zwischen 0,05 bis 0,2 Millimeter dick. Für ihren Zellnachwuchs sorgt die Keimschicht der Oberhaut. Die Epidermis enthält weder Blutgefäße noch Nervenbahnen. Die kommen erst in der nächsten Schicht, der Lederhaut vor. Diese Schicht garantiert nicht nur die Ernährung der Oberhaut, sie registriert zugleich auch Druck, Schmerz und Temperatur. Die Unterhaut besteht aus Bindegewebe und Fettzellen, die somit auch für die Dicke dieser Schicht verantwortlich sind. Dort sind auch die Schweißdrüsen und die kleinen Haarmuskeln verankert. Die nach außen führenden Kanäle der Talg- und Schweißdrüsen sowie der Haarfollikel durchziehen dabei alle drei Hautschichten. Die Haare und Nägel zählen zu den Hautanhangsgebilden, die aus Horn bestehen und die Schutzfunktion der Haut erweitert wahrnehmen.

die Zahl der Erreger zu hoch und deren Aggressivität zu stark ist. Auch ein übermäßiger Gebrauch von Seife wäscht den natürlichen Schutzfilm praktisch mit ab und schwächt so die Abwehrfunktion der Haut. Ist die Haut krank, unterscheidet der Mediziner zwischen körperfremden und körpereigenen Ursachen. Zu den erstgenannten gehören beispielsweise Allergien (ausgelöst durch Chemikalien, Arzneimittel, Tierhaare usw.) und Infektionen durch Mikroorganismen (wie Viren, Bakterien und Pilze). Körpereigene Ursachen liegen hingegen dann vor, wenn zum Beispiel Stoffwechselstörungen, hormonelle Schwankungen und sogar psychische Leiden Hautveränderungen bewirken oder begünstigen.

Hautverletzungen und -krankheiten

Bei Hautveränderungen bzw. -erkrankungen gestaltet sich die Eigendiagnostik in den meisten Fällen als sehr schwierig. Grundsätzlich gilt: Wann immer Sie Hautveränderungen beobachten, die Sie sich nicht erklären können oder die länger als eine Woche dauern, sollten Sie einen Arzt aufsuchen. Trotzdem gibt es immer noch viele Hauterkrankungen, bei denen sich ein Therapieversuch mit Grapefruitkernextrakt lohnt – gegebenenfalls auch nach Absprache mit dem konsultierten Arzt.

Wie sich die Haut im Krankheitsfall verändert

Das Spektrum möglicher Hauterkrankungen ist weit gefaßt. Die Symptomatik ist ebenfalls zahlreich und unterschiedlich: Flekken, Bläschen, Quaddeln, Schuppen, Pusteln und Knötchen, aber auch kleine offene Wunden, Risse, Geschwüre, Krusten und Narben – sie alle verändern das Hautbild.

Gerade bei Infektionen mit den schon erwähnten Viren, Bakterien oder Pilzen kann der Extrakt zur beschleunigten Vernichtung solcher Mikroorganismen beitragen und so den Heilungsprozeß sinnvoll unterstützen. Dabei geht es – bis auf wenige Ausnahmen – immer um die äußere Anwendung des verdünnten GKE. Damit bei Fällen einer schon zu trockenen Haut diese dadurch nicht noch zusätzlich geschädigt wird, empfiehlt es sich, den Extrakt dann nicht mit Wasser, sondern mit einem Öl (etwa Oliven-, Mandel- oder Avocadoöl) zu verdünnen. Allerdings verteilt sich GKE nicht so leicht gleichmäßig in pflanzlichen Ölen, daher muß die Mischung vor der Anwendung kräftig geschüttelt werden.

Die folgenden Konzentrationsangaben bzw. Verdünnungsvorschriften beziehen sich auf den gebräuchlichen flüssigen Extrakt.

Kleinere Wunden, Verletzungen, offene Geschwüre und Blasen

Bei Hautabschürfungen, kleineren Schnittwunden, kurz bei allen Minimalverletzungen, die zum Beispiel im Sport- und Freizeitbereich häufig vorkommen, muß zur ersten Wundversorgung der Bereich der Verletzung gründlich desinfiziert werden. Dabei ist die antiseptische Wirkung des GKE, wie Untersuchungen in Amerika ergeben haben, sehr effektiv. Mit Wasser verdünnt kann man die Lösung direkt auf die Wunde träufeln. Für kleinere Kinder, denen das leichte Brennen zusätzlich Qualen bereiten könnte, ist jedoch ein schmerzfreies Antiseptikum vorzuziehen. Auch Blasen lassen sich gut mit ein bis zwei Tropfen des verdünnten Extrakts desinfizieren.

Verbrennungen äußern sich in einer schmerzhaften und begrenzten Rötung, der meist eine Hautschwellung folgt. Kaltes Wasser ist nicht nur Erste Hilfe, es wirkt zugleich entzündungshemmend und schmerzlindernd. Die betroffene Hautfläche kann zusätzlich mit einer Salbe oder einem Spray aus GKE abgedeckt werden.

Die Behandlung einer offenen Hautstelle am Unterschenkel, auch offenes Bein genannt, gestaltet sich schwieriger. Wichtig ist auch hier in erster Linie die antiseptische Wundversorgung und die vorbeugende Desinfektion. Dazu nimmt man eine sterile Kompresse, die getränkt ist mit einer Mischung aus GKE und abgekochtem Wasser. Diese Wundauflage kann man öfter erneuern. Doch behandelt werden muß hierbei vor allem die meist venöse Grunderkrankung. GKE kommt in solchen Fällen also nur als Wundreinigungs- und vorbeugendes Desinfektionsmittel in Frage.

Das gleiche gilt für das Wundliegen, auch Dekubitus genannt. Solche offenen Hautstellen entstehen zum Beispiel dann, wenn ein Patient längere Zeit bettlägerig ist und Durchblutungsmangel an bestimmten Körperpartien das Gewebe schädigt und die Haut nicht mehr ausreichend von innen versorgt wird.

Hautreizungen durch Insektenstiche und -bisse

Parasiten und Insekten beißen, stechen und bohren sich in die Haut, spritzen Giftstoffe in diese Stelle, was Schmerzen bzw. Juckreiz verursacht. Auch hier ist ein erfolgreiches Einsatzgebiet für GKE.

Bei Mücken-, Bienen- und Wespenstichen sowie Sandflohbissen kann ebenfalls Grapefruitkernextrakt – im Verhältnis 1 zu 10 mit Glyzerin verdünnt – aufgetragen werden. Dann tritt die desinfizierende und normalisierende Wirkung am schnellsten ein. Bei besonders empfindlicher Haut kann man den Extrakt aber auch zusätzlich mit etwas Wasser oder Öl verdünnen.

Hat sich eine Zecke in die Haut gebohrt, läßt sie sich mit GKE betäuben und relativ gut entfernen. Danach wird die Bißstelle mit GKE desinfiziert.

Ein besonders aktuelles Thema sind die lästigen Kopfläuse. Inzwischen läßt sich wieder eine starke Zunahme dieser Plage verzeichnen, die sich nicht nur bei unhygienischen Verhältnissen breitmacht. Denn Läuse schrecken auch vor den frisch gewaschenen langen Haaren der Mitschülerin nicht zurück, wenn die Kinder beim Spielen die Köpfe zusammenstecken. Und dann geht die Ansteckung von Kopf zu Kopf erschreckend schnell. Doch vor dem Griff zu einem scharfen, chemischem Kopflausshampoo lohnt sich der Versuch mit einer natürlichen Alternative. Dafür kann man zum Beispiel ein GKE-haltiges Shampoo selbst herstellen, indem man den Extrakt in einem Verhältnis von 1 zu 20 mit einem gängigen Shampoo mischt. Nach dem Auftragen sollten die Haare gut mit einer Plastikhaube abgedeckt und erst nach etwa einer halben Stunde Einwirkzeit vorsichtig ausgespült werden. Falls dabei dennoch etwas GKE in die Augen kommt, müssen sie gründlich mit viel Wasser ausgespült werden. Doch mit einer einmaligen Kopfwäsche ist es leider nicht getan. Da man mit dieser Behandlung – das gilt allerdings für die meisten Läuseshampoos – nur die lebende Läusepopulation erwischt, nicht aber deren Eier, die sogenannten Nissen, sind Wiederholungshaarwäschen nach drei und sechs Tagen unbedingt notwendig. Nur so lassen sich dann auch die frisch ausgeschlüpften Läuse vernichten, bevor diese wieder neue Eier legen können.

Ohrmilben hingegen sind seltener, können aber mit einer Mischung von 10 Tropfen GKE auf einen Eierbecher Glyzerin relativ einfach abgetötet werden. Dazu gibt man am besten die Flüssigkeit auf ein Wattestäbchen und reinigt damit vorsichtig den Gehörgang (nicht zu tief!) und die Ohrmuschel.

Hautunreinheiten wie Pickel, Mitesser und Akne

Bei unreiner Haut mit Pickeln, Pusteln, Mitessern oder gar bei Akne mit eitrigen Pusteln kann ein Hautreiniger mit GKE recht erfolgreich sein.

Unter der gewöhnlichen Akne versteht man eine Entzündung der Haarbalgdrüsen, der Haarfollikel. Dieser Entzündung geht so gut wie immer eine vermehrte Talgabsonderung voraus, die die Ausführgänge verstopft. Es kommt zur Bildung von Mitessern und entzündeten Haarfollikeln, schließlich zu eitrigen Pusteln.

Meist genügt es, wenn man 5 Tropfen Extrakt mit einem Viertel Glas Wasser mischt, diese Mischung auf die angefeuchteten Hände gibt und vorsichtig auf der Gesichtshaut verreibt, etwas einwirken läßt und anschließend wieder mit einem lauwarmen, feuchten Tuch abreibt und abtrocknet. Dabei ist das Aussparen der Augenpartie besonders wichtig.

Hautinfektionen wie Abszesse, Furunkel, Karbunkel, Nagelbettentzündungen

Ein Abszeß ist eine bakterielle, eitrige, örtlich begrenzte Entzündung. Die betroffene Stelle auf der Haut ist anfangs gerötet, später schmerzhaft geschwollen. Im Endstadium kann der Abszeß platzen, und der angesammelte Eiter entleert sich spontan. Zur gründlichen Wunddesinfektion eignet sich auch hier verdünnt aufgetragener GKE (1 Teil Extrakt mit 20 Teilen Wasser mischen). Sehr tiefliegende Eiterherde muß allerdings der Arzt mit dem Skalpell öffnen.

Wann sollte man zum Arzt?
Grundsätzlich empfiehlt sich die Selbstbehandlung eines Abszesses nur dann, wenn er noch relativ klein – ungefähr haselnußgroß – ist. Keinesfalls sollte man jedoch Abszesse im Gesicht oder im Genitalbereich selbst behandeln, da eine Ausweitung der Infektion an diesen Stellen gefährlich werden kann. Also unbedingt damit zum Arzt gehen!

Ein Furunkel ist ein ähnlicher Entzündungsherd, der jedoch von einem Haarbalg ausgeht. Äußerlich sind Furunkel und Abszesse nur schwer voneinander zu unterscheiden. Auch hier bildet sich in dem entzündeten Herd schnell ein Eiterpfropfen, der die Haut durchdringen kann. Nach einer darauffolgenden antiseptischen Behandlung mit GKE heilen Furunkel wie Abszesse relativ schnell wieder ab. Bei Komplikationen, das heißt, wenn zum Beispiel mehrere Furunkel einen Karbunkel gebildet haben, kann es im Endstadium zu einer siebartigen Wundfläche kommen, die ärztlich behandelt werden sollte.

Eine bakteriell bedingte Nagelbettentzündung beginnt meist harmlos, kann aber zu einer schmerzhaften Infektion ausarten, wenn nicht gleich zu Beginn behandelt wird, eventuell mit GKE. Am erfolgreichsten sind diese Bemühungen, wenn man zwei- bis dreimal täglich einige Tropfen des verdünnten Extrakts (mindestens 1 zu 20 verdünnter GKE) in den betroffenen Nagelfalz einmassiert. Die antibakterielle Wirkung wird durch ein Fingerbad mit einigen Tropfen GKE noch unterstützt.

Für Hautausschläge gibt es viele Ursachen

Krankeitsbilder wie Hautausschläge, Ekzeme, Schuppenflechte und Neurodermitis sind im weitesten Sinne Hautirritationen bzw. Hautinfektionen – jedoch unterschiedlichster Ausprägung.

So gibt es zum Beispiel Ekzeme, die in akuten, aber oft auch chronischen Stadien vielfach die Anzeichen einer Entzündung aufweisen: Die Haut ist anfangs oft nur gerötet und geschwollen, später kommen nässende Bläschen hinzu. Als Ursache können hautschädigende Substanzen wie Säuren, Laugen und dergleichen in Frage kommen. Es ist aber auch eine allergische Reaktion zum Beispiel auf Nickel denkbar. Die Neurodermitis ist dagegen eher eine anlagebedingte Ekzemkrankheit, die vor allem im Kindesalter auftritt. Bis zu zehn Prozent der Bevölkerung sollen Schätzungen zufolge die erbliche Veranlagung zu einer Neurodermitis haben. Das Lästige an dieser Art von Ekzem ist der begleitende, oft sehr quälende Juckreiz. Auf der Haut zeigen sich unscharf begrenzte entzündliche Verdikkungen mit kleinsten Bläschen und Knötchen.

Auch die Schuppenflechte, die Psoriasis, ist mehr oder weniger anlagebedingt. Charakteristisch sind hier die geröteten, silbrig schuppenden Krankheitsherde. Etwa zwei Prozent aller Menschen in Mitteleuropa leiden an Schuppenflechte.

Bei all den aufgezählten Hautausschlägen lohnt sich immer ein Versuch mit GKE. Wichtig ist in diesem Zusammenhang allerdings die Art und Weise der optimalen Lösung bzw. Verdünnung.

Generell sollte bei Ekzemen GKE immer – mindestens im Verhältnis 1 zu 20 – mit Öl vermischt und zweimal täglich aufgetragen werden. Die gleiche Dosierung und Mischung gilt für Schuppenflechte und bei unspezifischen Hautausschlägen. Bei einem nässenden Ekzem ist allerdings eine Puderform von Vorteil. Nur bedingt jedoch – und möglichst in Absprache mit dem behandelnden Arzt – ist der Einsatz von GKE bei Neurodermitis zu empfehlen, denn im Akutstadium einer solchen Hauterkrankung dürfen keine fetthaltigen Salben verwendet werden. Noch eine Bemerkung zum Verdünnen mit Öl: GKE verteilt sich in allen fetten Ölen nicht besonders gut, da der GKE ein hydrophiler, also ein »wasserliebender« Stoff ist. Die Flasche mit der GKE-Ölmischung muß also vor jeder Anwendung gut geschüttelt werden!

Generell gilt: Zeigt sich unter der Therapie mit GKE eine Besserung, kann man so lange weiterbehandeln, bis die Symptome völlig verschwunden sind.

Wenn Hautpilze sprießen

Nicht nur die Haut ist von Mikroorganismen wie Viren, Bakterien und Pilzen umgeben, auch die sogenannten Hautanhangsgebilde wie Haare, Zehen- und Fingernägel sind solchen Umwelteinflüssen ausgesetzt. Von den vielen Pilzarten, die es gibt, wirken aber nur einige »humanpathogen«, das heißt, nur solche kommen als Krankheitserreger beim Menschen überhaupt in Frage.

Für alle Pilzinfektionen der Haut gilt: Ausdauer in der Behandlung! Eine Pilzinfektion sollte, da sich die Erreger immer wieder in einem unangreifbaren Zwischenstadium befinden, mindestens vier Wochen lang behandelt werden. Auch mit chemischen Antimykotika lassen sich nur die Pilzfäden, nicht aber die Sporen in diesem Zwischenstadium vernichten. Die Pilzfäden vermehren sich durch Zellteilung und überdauern als Sporen selbst ungünstige Umwelt-

Das DHS-System der Pilze
Diejenigen Pilze, die beim Menschen Krankheiten hervorrufen, werden aus medizinischer Sicht in ein Dreiklassensystem eingeteilt: die Dermatophyten (D), die Hefepilze (H) und die Schimmelpilze (S). Für die meisten (zirka 85 Prozent) Erkrankungen der Haut und Nägel sind Pilze aus der D-Gruppe verantwortlich.

bedingungen. Leider sind diese Sporen auch gegen Arzneimittel ziemlich resistent. Erst wenn sie wieder zu Pilzfäden auswachsen, können sie effektiv bekämpft werden. So erklärt es sich, warum an den betroffenen Stellen nach voreiligem Absetzen des Antipilzmittels immer wieder neue Pilzerkrankungen aufflackern. Eine über längere Zeit kontinuierliche Behandlung ist daher notwendig, um diesen Teufelskreis zu durchbrechen. Dieses lang angelegte Behandlungskonzept gilt natürlich auch für die Therapie mit GKE. Bewährt hat sich im allgemeinen folgende Regel: Über einen längeren Zeitraum zweimal täglich den verdünnten Extrakt (mindestens 1 zu 20) auf die betroffenen Stellen auftragen. Allerdings sind je nach Pilzbefall verschiedene Anwendungsformen vorzuziehen.

Auch an Kopfschuppen sind oft Pilze schuld

Schuppen kommen nicht von ungefähr. Eine gut genährte und gesunde Kopfhaut produziert kaum übermäßig viele Schuppen. Es gibt jedoch einen Hefepilz, der diese lästige Hautabsonderung bewirkt und sie unbehandelt auch chronisch in Gang hält. Es gehört zwar eine bestimmte erbliche Veranlagung dazu, aber dann, wenn der Pilz aktiv wird und sich unkontrolliert vermehrt, löst er eine Hautentzündung aus, die man auch seborrhoische Dermatitis nennt. Symptome sind Rötung, Juckreiz und Schuppen.

Wie schon bei früher aufgezählten Pilzerkrankungen, kommt auch hier das Wirkspektrum von GKE zum Einsatz: Eine medizinische Haarwäsche (aus 2 bis 3 Tropfen GKE pro Portion Shampoo) zirka zwei Minuten lang in das Haar und auf die Kopfhaut einmassieren, dann ausspülen. Sie können auch auf Fertigshampoos mit GKE (z. B. Citridema® Shampoo) ausweichen. Anfangs ist meist eine solche Haarwäsche zwei- bis dreimal pro Woche notwendig, später reicht einmal pro Woche, zur Vorbeugung dann alle zwei bis drei Wochen.

Sommer, Sonne, Fußpilz

Ein bekanntes und ebenfalls lästiges Beispiel für derartige Infektionen ist der Fußpilz – relativ häufig durch Fadenpilze verursacht. Gerade in Schwimmbädern ist er häufig anzutreffen. Eine Übertragung kann aber ebenfalls leicht beim Schuhewechseln, zum Beispiel im Schuhgeschäft, stattfinden. Auch dort wartet er auf neue »Träger«. Und hat sich der Fußpilz erst einmal in den stets feuchten und warmen Regionen zwischen den Zehen angesiedelt, ist er nur schwer wieder auszurotten. Die typischen Beschwerden sind Rötung und Schuppung an den Fußsohlen sowie die Bildung von Rissen und weißlichen Belägen zwischen den Zehen. Seltener sind kleine juckende Bläschen.

Fußpilzerkrankungen sind oft hartnäckig, doch auch hier ist die Verwendung von GKE – natürlich verdünnt – auf Dauer erfolgreich. Wichtig nach dem Abheilen ist immer auch die desinfizierende Vorbeugung mit GKE-Fußpuder, GKE-Hautspray und/oder einem Fußbad, dem einige Tropfen GKE beigefügt werden kann.

Wenn Pilze die Nägel unterwandern

Onychomykosen, so der medizinische Fachausdruck für Nagelpilzerkrankungen, gehören mit zu den häufigsten Pilzerkrankungen der Haut und ihrer Anhangsgebilde. In Deutschland leiden über drei Millionen Menschen an dieser Erkrankung. Und trotz dieser enormen Verbreitung wird diese Form der Mykose jedoch häufig unterschätzt und mehr als eine rein kosmetische Beeinträchtigung abgetan.

Wie schon erwähnt, kann sich ein gesunder Körper gewöhnlich gut gegen eine Pilzinfektion schützen. Im Bereich der Nägel ist die Schutzfunktion allerdings vorwiegend auf ein mechanisches Prinzip beschränkt. Die harten Nagelplatten und die eng anschließenden Nagelhäutchen sollen verhindern, daß Pilze in die weiteren Hautschichten vordringen. Jedoch können die Nägel »undicht« werden. Das heißt, die für die Nagelstärke verantwortlichen Zellen können durch Stoß, Druck oder Stoffwechselstörungen so geschädigt werden, daß sie die Festigkeit des Nagels nicht mehr garantieren und somit Pilzsporen eindringen können. Auch bei Schäden am Nagelfalz ist es für die Pilze leicht, unter den Nagel zu wandern und dort eine Infektion hervorzurufen. Das fängt ganz harmlos und sehr langsam an. Doch der Pilz wächst in dieser Zeit tiefer und tiefer bis ins Nagelbett. Bei Nichtbehandlung kommt es dann zur Trübung, zur Verdickung und schließlich zur Auflösung der Nagelplatte. Dabei kann sich der Nagel gelb, braun oder schwarz verfärben.

Früherkennung ist auch hier das Stichwort: Je eher eine Pilzinfektion erkannt wird, desto erfolgversprechender ist auch ihre Behandlung. GKE hat sich sogar bei dieser hartnäckigen Erkrankung gut bewährt, muß aber auch gewissenhaft zweimal täglich auf die vorher angeschliffenen Nagelflächen aufgetragen werden – mindestens 1 zu 20 verdünnt. Anfangs empfiehlt es sich, die betroffenen Stellen zirka einmal wöchentlich anzuschleifen, später reicht einmal im Monat. Die gesamte Behandlung sollte über mehrere Monate erfolgen, damit es zur vollständigen Ausheilung kommt. Auch chemische Antimykotika (Antipilzmittel) heilen in der Regel nicht schneller. Vorbeugen kann man mit desinfizierenden Fußbädern oder gar GKE-Spray zur Desinfektion von Strümpfen und Schuhen.

Was sich sonst noch auf der Haut abspielt

Es gibt zum Beispiel die Warzen. So verschiedenartig sie auch sind, so haben sie doch eines gemeinsam: Sie sind fast alle gutartig, stören aber manchmal aus optischen Gründen. Therapeutische Vorschläge zur Beseitigung solcher Hauterscheinungen reichen von »Wegzaubern« über Wasseranwendungen bis hin zu Tinkturen. Abgesehen von den erstaunlichen Wirkungen, die – gerade bei sehr jungen Patienten – durch psychische Strategien zu erzielen sind, helfen zum Beispiel salizylsäurehaltige Tinkturen aus der Apotheke, mit denen man die Warzen bepinselt. Bewährt hat sich nach einem ähnlichen Prinzip auch Grapefruitkernextrakt, wenn man ihn regelmäßig zweimal täglich – mit Wasser im Verhältnis 1 zu 10 verdünnt – auf die Warzen gibt.

Das gleiche Rezept empfiehlt sich auch bei hartnäckigen Hühneraugen. Ergänzend kann man durch Fußbäder, denen man ein paar Tropfen GKE zufügt, die Hornhaut etwas aufweichen.

Schleimhäute sind besonders empfindlich

Der zarten und feuchten Schleimhaut fehlt eine wichtige Schutzschicht, die Hornhaut. Besonders die Schleimhäute in Mund und Nase sind in der heutigen Zeit bei vielen Menschen einer starken Belastung ausgesetzt. Staubpartikel, Chemikalien, aber auch Nikotin – kurz die ganze Umweltbelastung in der Luft – dringen in Nase und Mund ein. Wenn auch der Abwehrmechanismus der Schleimhaut auf Hochtouren arbeitet, mit der Zeit treten doch immer mehr Schädigungen auf, die wiederum einen günstigen Nährboden für Krankheitserreger bieten. Chronische Entzündungen stellen sich mit der Zeit ein – ein günstiges Klima auch für weitere Infektionen. Und hier schlagen dann die sogenannten opportunistischen Keime zu. Dabei handelt es sich um Krankheitserreger, die in einer physiologisch natürlichen und gesunden Umgebung gar keine Chance hätten, sich zu entwickeln, die aber sofort aktiv werden, wenn ihr Opfer durch andere Keime oder Veränderungen geschwächt ist – eben Opportunisten!

Entzündungen im Mund- und Rachenbereich

Auf unseren Schleimhäuten siedeln ständig Billiarden von Kleinstlebewesen wie Viren, Bakterien und Pilze – allein in der Mundhöhle sind es viele Millionen. Ist nun unsere Abwehr geschwächt oder die Mundschleimhaut zum Beispiel durch Zigarettenrauch strapaziert, können sich krankmachende Mikroorganismen leicht breitmachen. Da GKE gegen diese Erreger sehr wirksam ist, scheint ein therapeutischer Einsatz auch bei infektiösen Erkrankungen des Mund- und Rachenraums sinnvoll. Grundsätzlich ist ein antiseptisches Mittel zur Mundspülung nicht nur zur Vorbeugung, sondern auch bei verschieden ausgeprägten Entzündungen wirksam.

Allem voran sind gesunde Zähne für eine gesunde Mundflora von wesentlicher Bedeutung. Bakterielle Zahnbeläge, die Plaques, führen unbehandelt zu Karies und Parodontose. Um dem vorzubeugen, kann man einerseits die Zähne mit einer präparierten Zahnbürste (1 Tropfen GKE-Lösung im Verhältnis 1 zu 10 mit Wasser verdünnt auf die angefeuchteten Borsten geben) putzen, andererseits kann man sogar Zahnputzseide mit diesen GKE-Tropfen tränken oder ein paar Tropfen davon in die Munddusche geben. Ganz einfach geht es natürlich auch mit einer GKE-enthaltenden Zahncreme (Citridental®).

Prophylaktisch genügen dreimal täglich 2 Tropfen GKE in einem halbvollen Zahnputzbecher zur normalen Mundspülung. Mit dieser Dosis läßt sich auch eine relativ gute Mundhygiene erreichen, wenn es darum geht, schlechten Atem zu bekämpfen. Da Mundgeruch unter anderem durch Bakterien, Karies und Plaques entstehen kann, wirkt eine GKE-Mundspülung in so einem Fall direkt vor Ort.

Liegen die Ursachen tiefer, also eventuell im Magen-Darm-Bereich, sollte GKE auch innerlich angewendet werden.

Mit 2 Tropfen GKE auf ein halbvolles Wasserglas zur Mundspülung stellt sich auch bei einfachen Zahnfleischentzündungen, der *Gingivitis simplex,* ein rascher Erfolg ein. Sogar Zahnfleischblutungen nehmen rapide ab – wie Untersuchungen beweisen.

Bei der starken Mundfäule, auch *Stomatitis aphthosa* genannt, und bei Aphthen, kleinere Schleimhautläsionen, an denen auch die Herpesviren beteiligt sein können, sind zur Mundspülung ebenfalls 5 Tropfen auf ein Glas Wasser ausreichend. Mit einer konzentrierteren Mischung (1 Tropfen GKE auf 1 Eßlöffel Wasser) kann man die Aphthen mittels eines Wattestäbchens betupfen. Sind Herpesbläschen direkt in der Lippenregion, ist zum Betupfen allerdings eine Öl-GKE-Mischung in der gleichen Verdünnung vorzuziehen. Und nicht nur spröde Lippen werden dadurch geschmeidiger, auch ein vorbeugender Effekt gegen Lippen-Sonnenbrand konnte beobachtet werden.

Die angegebene Dosierung hilft auch bei Pilzbefall der Mundschleimhaut. Bekannt ist diese Infektion auch unter dem Namen Soor. Dabei handelt es sich um eine Schleimhauterkrankung, die durch den Pilz *Candida albicans* hervorgerufen wird und von der häufiger Kinder und Säuglinge betroffen sind. Bei sehr kleinen Pa-

Candida – nicht nur in aller Munde

Ein Erreger, der in letzter Zeit viel von sich reden gemacht hat, ist der sogenannte *Candida albicans.* Dieser Candida gehört zur Gattung der Pilze, allerdings zu den Hefepilzen, und siedelt sich gern in den feuchtwarmen Regionen der Schleimhäute an. Besonders betroffen davon sind Mund, Darm und Genitalien.

tienten sollte die Dosierung entsprechend halbiert und gegebenenfalls mit Fruchtsaft verrührt werden. Um in solchen Fällen eine immer wiederkehrende Neuinfektion zu verhindern, muß daran gedacht werden, auch die Schnuller und Fläschchensauger mit GKE (20 Tropfen auf 1 Liter Wasser; 20 Minuten ziehen lassen) regelmäßig zu desinfizieren.

Entzündungen im Hals-, Nasen- und Ohrenbereich

Die Erreger, die sich im Mund breitmachen, sind natürlich auch im Rachen und in der Nase, ja sogar in den Ohren zu finden. Sie werden allerdings von unserem Immunsystem, solange es intakt ist, bestens überwacht und gerade im Bereich der Atemwege mittels Schleimschicht und Flimmerhärchen so gut es geht wieder hinausbefördert. Bei einem viral ausgelösten Grippeinfekt versucht der Körper, sich beispielsweise durch Husten, Schnupfen oder Niesen von dem infektiösen Schleim zu befreien.

Entsprechend den Entzündungen im Mund, kann man mit GKE auch solche im Rachenraum bekämpfen. Die Gurgelmischung mit 5 Tropfen GKE auf ein Glas Wasser reicht für die meisten bakteriellen und viralen Infektionen aus. Von leichten Halsschmerzen bis hin zur quälenden Angina und sogar bei Heiserkeit und Kehlkopfentzündung tut die antiseptische Therapie ihre heilende Wirkung. Je nach Schwere der Erkrankung kann von drei- bis sechsmal täglich mit der angegebenen Dosierung gegurgelt werden.

Ist der Erkältungsinfekt in die Nase oder deren Nebenhöhlen gewandert, sind hier Nasenspülungen mit einer Mischung von GKE und Wasser hilfreich. So verschwindet der lästige Schnupfen recht rasch, ohne chronische Formen anzunehmen.

Ohrenschmerzen sind eine weitere Spielart erkältungsbedingter Folgeerkrankungen. Sie entstehen meist durch eine Schwellung der Nasen-Rachen-Schleimhaut, die die Belüftung des Mittelohrs unterbindet. In der Folge sammelt sich dort dann mehr Schleim als gewöhnlich an, der einen guten Nährboden für Krankheitserreger bietet. Egal, ob nur eine leichte Form oder eine richtige Mittelohrentzündung vorliegt, selbsthergestellte Ohrentropfen mit GKE helfen auch hier.

Jede äußere Behandlung einer klassischen Erkältung wird optimal abgerundet, wenn GKE auch von innen die Immunlage stärkt (siehe dazu Seite 59ff.).

Entzündungen im Genitalbereich

Im Genitalbereich stehen die Pilzerkrankungen der Scheide eindeutig an erster Stelle. Mit solchen Pilzen kommt man leicht in Schwimmbädern und Saunen in Kontakt. Da bei Scheidenentzündungen meist der bereits erwähnte *Candida albicans* der Übeltäter ist, muß immer auch an eine Darm- bzw. Blasenbeteiligung dieser Pilzinfektion gedacht werden, was auch eine innere Anwendung mit GKE sinnvoll macht.

Zur äußeren Anwendung gilt die gleiche Dosierung, die auch bei einer unspezifischen Scheidenentzündung erfolgversprechend ist: Die äußere Region mit seifenfreiem Wasser, dem einige Tropfen GKE beigegeben sind, gut reinigen. Für eine Scheidenspülung 1 bis 3 Tropfen GKE auf einen Viertel Liter warmes Wasser geben und mit einer Spritze (oder sogenannten Frauendusche) in die Scheide bringen.

Der hartnäckige Pilz hat auch hier seine Tücken, deshalb am besten an drei aufeinanderfolgenden Tagen diese Scheidenspülung jeweils morgens und abends durchführen, dann reicht es einmal täglich für zirka eine Woche, wenn eine normale Scheidenentzündung vorliegt. Bei einer Pilzinfektion sollte die Therapie auch noch einige Zeit nach Beschwerderückgang weitergeführt werden. Wem dieses Vorgehen zu umständlich ist, kann sich mit einem Tampon behelfen, der in der angegebenen Tinktur getränkt und täglich für ein bis sechs Stunden in der Scheide belassen werden kann.

Das oben beschriebene Therapieschema kann auch bei einer Infektion mit Trichomonaden angewendet werden. Diese Scheidenparasiten sind gar nicht so selten: Man schätzt, daß zirka dreißig Prozent aller Frauen zeitweise unter dieser Infektion leiden.

In der männlichen Genitalzone erfolgt die Behandlung am besten mit einer Mixtur aus GKE und Sesamöl. Nach einer Einwirkzeit von ein paar Minuten kann die Lösung mit warmem Wasser abgewaschen werden. Wenn dieser Vorgang täglich über zwei Wochen durchgeführt wird, stehen die Heilungsaussichten sehr gut.

Die Anwendung … als natürliches Desinfektionsmittel

Aufgrund seines breiten Wirkungsspektrums gegen eine Vielzahl von Bakterien, Pilzen, Viren, einzelligen Parasiten und Würmern eignet sich der Grapefruitkernextrakt besonders als Desinfektionsmittel mit unbegrenzten Einsatzmöglichkeiten. Seine antimikrobielle Kraft in geringster Dosierung, seine Ungiftigkeit und biologische Abbaubarkeit sowie seine Geruchlosigkeit machen ihn zu einer echten Alternative gegenüber herkömmlichen Desinfektions-, Reinigungs- und Konservierungsmitteln, die häufig gesundheitsschädlich sind.

Im Haushalt

Im Haushalt oder in Gaststätten kann der Extrakt bei fast allen reinigenden oder desinfizierenden Verfahren eingesetzt werden: sei es beim Geschirrspülen, beim Reinigen von Möbeln und Flächen, Putzen von Küche, Bad oder Toilette und zur Desinfektion der Zahnbürste.

20 bis 50 Tropfen des Extrakts in einen Eimer mit Wasser oder in die Spülmaschine gegeben, ersetzen einen scharfen Reiniger und schützen sicher vor gefährlichen Mikroorganismen.

Auch manche amerikanische Krankenhäuser machen sich inzwischen die reinigende Kraft des Extrakts zunutze, um ihren Patienten ein größtes Maß an Sicherheit und Unbedenklichkeit zu bieten. Räume, medizinische Geräte und Belüftungsanlagen werden mit seiner verdünnten Lösung gereinigt und entkeimt. Die Bettwäsche kann durch Zugabe von 50 Tropfen des Extrakts in den letzten Spülgang sanft desinfiziert werden. Dabei wirkt er ohne allergisierende Rückstände und ohne das Abwasser unnötig zu belasten.

Besonders gut eignet sich der Grapefruitkernextrakt auch zur Reinigung von Hack- und Schneidebrettern, auf denen rohes Fleisch verarbeitet wird. Diese sind aufgrund der optimalen Vermehrungsbedingungen für Keime häufig eine ernstzunehmende Infektionsquelle. Hier sollte der Extrakt ein paar Minuten einwirken, bevor er abgespült wird. Lebensmittel können in extrakthaltigem Wasser (etwa 20 Tropfen Grapefruitkernextrakt pro einem Liter Wasser) gereinigt und desinfiziert werden: eine Maßnahme, die sich besonders bei Reisen in südliche Länder empfiehlt.

Der alte Leitsatz »Peel it, cook it, or forget it« (»Schäl es, koche es oder vergiß es«) wird durch die Anwendung des Extrakts fast hinfällig, da die meisten der Erreger, die den gefürchteten Reisedurchfall verursachen, durch diese Behandlung abgetötet werden.

Beläßt man die Lebensmittel einige Minuten in ihrem Bad, verlängert sich auch ihre Haltbarkeit, denn der Grapefruitkernextrakt hemmt die Vermehrung der fäulnisauslösenden Schimmelpilze. Eine Tatsache, die sich südamerikanische Lebensmittelchemiker großtechnisch zunutze machen. Durch ein spezielles Sprühverfahren mit diesem natürlichen Konservierungsmittel kann die Haltbarkeit von Obst und Gemüse um das Drei- bis Vierfache verlängert werden, ohne daß die Konsumenten mit schädlichen Chemikalien belastet werden.

Eine weitere Anwendungsmöglichkeit besteht in dem Gebrauch als Wasserzusatz in Luftbefeuchter, Springbrunnen oder Klimaanlagen. Diese sind sehr beliebte Aufenthaltsorte von Schimmelpilzen. In der dunklen Feuchtigkeit können sie sich ungehemmt vermehren und ihre krankmachenden Sporen verbreiten. Der Extrakt vernichtet die Pilze und reinigt nebenbei die Atemluft von schädlichen Keimen.

Im Schwimmbad

In Südamerika, wo die Qualitäten des Grapefruitkernextrakts bereits seit einiger Zeit bekannt sind und genutzt werden, wird er auch zur Desinfektion öffentlicher Schwimmbäder eingesetzt. Dieses ist eine wesentlich gesündere Methode der Entkeimung als mit den sonst üblichen chlorhaltigen Präparaten.

Öffentliche Bäder sind aufgrund der Feuchtigkeit und der zahlreichen Besucher ein idealer Ort zur Übertragung von Fuß- und Nagelpilzen. Die gewöhnlich verwendeten Desinfektionsmittel hinterlassen schädliche Rückstände auf der Haut, verbreiten einen unangenehmen Geruch und setzen nicht unwesentliche Mengen des giftigen Chlorgases frei. Darüber hinaus zersetzen sie sich bei UV-Einstrahlung durch das Sonnenlicht und werden unwirksam. Zum Schutz vor gefährlichen Bakterien und Pilzen sowie Algenwachstum eignet sich der ungiftige Grapefruitkernextrakt daher bestens als Zusatz in öffentlichen Schwimmbädern, Whirlpools und privaten Schwimmanlagen. 10 bis 20 Milliliter in 100 Litern Wasser haben sich als wirksam erwiesen. Hinzuzufügen ist jedoch, daß die Kosten bei den enormen Wassermengen in Schwimmbädern sehr hoch sind.

Auch die Sauna ist durch die Kombination von Holz, Wärme und Feuchtigkeit eine Brutstätte für Mikroorganismen verschiedenster Art. Hier besteht die Gefahr, daß nach der Reinigung mit einem gewöhnlichen Desinfektionsmittel und dem erneuten Anheizen der Sauna schädliche Dämpfe freigesetzt und inhaliert werden. Ferner macht sich bei höheren Temperaturen der unangenehme Geruch dieser Produkte besonders bemerkbar. Hier kann der Grapefruitkernextrakt ebenfalls Abhilfe schaffen: Zuverlässig vernichtet er unerwünschte Keime, verursacht keine Hautreizungen durch aggressive Rückstände, hat ein angenehmes Aroma und ist bei Inhalation nachweislich ohne schädigende Wirkung auf Lunge und Organismus. 40 Tropfen in einem Liter Wasser reichen, um Krankheitserreger sicher zu eliminieren. Wird die leichte Trübung des Wassers, die durch den Extrakt hervorgerufen wird, als störend empfunden, kann zumindest ein Teil des Chlors durch ihn ersetzt werden.

Bei der Trinkwasseraufbereitung

Die Gewinnung von hochwertigem Trinkwasser bedarf eines aufwendigen und teuren technischen Verfahrens. Durch Abfälle aus Industrie und Chemie mit unzähligen Chemikalien belastet, wird es während des Aufbereitungsverfahrens zusätzlich mit großen Mengen an Chlor versetzt, um die mikrobielle Belastung des Wassers auf ein vorgeschriebenes Maß zu reduzieren.

In Thailand wurde 1994 im Rahmen eines Entwicklungshilfeprojekts ein praktikables Konzept zur biologischen und preiswerten Trinkwasseraufbereitung gesucht. Natürlich war der Grapefruitkernextrakt ein vielversprechender Kandidat. Er erfüllte die Erwartungen, die an ihn gestellt wurden, auf der ganzen Linie: Ein Zusatz von 0,35 Millilitern in einem Liter Wasser genügte, um die Anzahl der Kolibakterien im Trinkwasser auf weniger als 1 pro 100 Milliliter zu reduzieren. Ein weiterer Vorteil ist seine nachgewiesene Wirksamkeit gegen den häufig chlorresistenten Trinkwasserparasiten *Giardia lamblia*.

Die Anforderungen der Gesundheitsbehörden werden durch seine Wirksamkeit ohne gesundheits- und umweltschädigende Nebenwirkungen souverän erfüllt. Grapefruitkernextrakt ist auch in diesem Bereich eine hochwirksame, ungiftige Alternative zu herkömmlichen Desinfektionsmitteln.

Hinsichtlich Untersuchungen und Anwendungen des Extrakts ist uns der amerikanische Kontinent noch weit voraus. Die guten Erfahrungen, die dort mit dieser Substanz gemacht wurden, sollten europäische Wissenschaftler und Laien jedoch ermutigen, ebenfalls Untersuchungen vorzunehmen – besonders mit dem deutschen, benzethoniumchloridfreien Extrakt. Möglicherweise weist diese rückstandsfreie Lösung ja etwas variierende antibakterielle Eigenschaften auf.

Die Verarbeitung in Kosmetika

Eine weitere sinnvolle Anwendungsmöglichkeit des Grapefruitkernextrakts bietet seine Verarbeitung in Körperpflegeprodukten und Kosmetika. Die desinfizierenden und pflegenden Wirkungsqualitäten des Extrakts machen ihn zu einer hervorragend reinigenden und konservierenden Komponente in Naturpräparaten und sanften Reinigungsmitteln. Durch wenige Tropfen des Extrakts (0,2 bis 1,0 Prozent) kann einerseits auf bedenkliche Detergenzien und Konservierungsmittel verzichtet werden, andererseits besteht keine Gefahr mehr durch die hemmungslose Vermehrung von Mikroorganismen in unkonservierten Ökopräparaten. Der Zusatz von Grapefruitkernextrakt verlängert die Haltbarkeit und die pflegenden Eigenschaften selbstgemixter Cremes, Shampoos, Flüssigseifen und Gesichtswässer um ein Vielfaches und kann gleichzeitig zahlreichen Erkrankungen vorbeugen. Für diejenigen Anwender, die sich nicht mit der Eigenproduktion von Kosmetika beschäftigen wollen oder können, steht eine Palette von pflegenden Fertigpräparaten zur Verfügung, die sich ständig vergrößert und die über Apotheken, Naturkostläden und Reformhäuser bequem zu beziehen ist.

Reinigungs- und Pflegeprodukte

Wie bereits an anderer Stelle erwähnt, bieten mittlerweile umfangreiche Kosmetikserien (Citridermal®) eine umfassende Produktpalette für die tägliche Reinigung und Pflege der Haut. Der Hautreiniger eignet sich zur gründlichen Reinigung des ganzen Körpers und schützt durch seine desinfizierende Wirkung vor Flechten, Ekzemen, Haut- und Nagelpilzen. In der Aknetherapie ist er ein hervorragendes Präparat zur Grundreinigung, da durch seine antibakterielle Wirksamkeit der entzündungserregende Verursacher der Pickel *(Propionibacterium acnes)* abgetötet wird.

Im Intimbereich und unter den Achselhöhlen reinigt er, ohne die empfindliche Haut zu reizen, und schützt vor unangenehmen Körpergerüchen, denn auch hierfür sind wieder einmal unliebsame Bakterien verantwortlich. Der Deodorantstift, das Deo- oder das Hautspray vervollständigen die desodorierende Wirkung des Hautreinigers und verleihen sichere und lang anhaltende Frische.

Schweißfüße und Fußpilz werden durch den Hautreiniger ebenfalls erfolgreich und dauerhaft bekämpft. In besonders hartnäckigen Fällen hat sich auch hier die zusätzliche Anwendung des Hautsprays bewährt.

Zur Ganzkörperhygiene eignen sich neben den Hautreinigern (für fette und normal/trockene Haut erhältlich) das Duschgel mit GKE.

Die extrakthaltigen Tages- und Nachtcremes schließen die Reinigung und Pflege des Körpers ab und schützen ihn den ganzen Tag vor Bakterien, Pilzen und anderen schädlichen Umwelteinflüssen. Für sehr hartnäckige Hautunreinheiten gibt es eine Aktivcreme mit einem besonders hohen Gehalt an GKE. Diese Creme wird nur punktuell aufgetragen.

Die sorgfältige Reinigung unserer Zähne sollte eine besondere Rolle bei der täglichen Körperpflege einnehmen. Eine schlechte Zahn- und Mundpflege kann zu ernsten chronischen Erkrankungen führen und stellt darüber hinaus ein kosmetisches Problem dar. Faule Zähne und schlechter Atem sind nicht nur ein Zeichen für Bakterienherde in der Mundhöhle, sie stellen in unserer sogenannten zivilisierten Welt, die nach Wohlgerüchen und ewiger Jugend strebt, auch ein gesellschaftliches Manko dar. Die Verwendung von GKE-Zahngel hemmt das Wachstum von Streptokokken, die sich in der Zahnplaque befinden und Zucker zu Säure umwandeln. Diese Säure greift dann die Zähne an und verursacht die gefürchtete Zahnkaries. Der Grapefruitkernextrakt kann die Vermehrung dieser Bakterien verhindern und dadurch Fäulnisprozeß und Geruchsbildung unterbinden.

Ein antimikrobielles Mundwasser kann durch die Verdünnung eines Grapefruitkernextrakts einfach hergestellt werden: Dazu werden 10 Tropfen in das Zahnputzwasser oder in die Munddusche gegeben. Zur besonders intensiven Zahnreinigung kann auch eine Mischung aus einem Tropfen Extrakt und 10 Tropfen Wasser direkt auf die Zahnbürste gegeben und damit die Zähne geputzt werden.

Von Zeit zu Zeit lohnt es sich, die Zahnbürste mit einer konzentrierten Lösung des Extrakts zu desinfizieren, da sich die Kariesbakterien hier ebenfalls festsetzen können. Wird dieser Pingpongeffekt nicht unterbrochen, kommt es bei jeder Zahnreinigung zu einer neuen Infektion mit den aggressiven Erregern. Dazu werden 10 Tropfen Extrakt in einem Glas Wasser verdünnt und die Zahnbürste darin eingelegt oder zwei Tropfen direkt auf die nasse Zahnbürste gegeben. Danach muß die Zahnbürste gut abgespült werden, um die abgetöteten Keime zu entfernen.

Die Verwendung der Konzentrate

Die Lösungen des Grapefruitkernextrakts (z. B. CitroBiotic®, GSE- und Citricidol®- oder Citridical 33-Lösung) eignen sich in erster Linie zur Herstellung eigener Kosmetikprodukte. Sie sind löslich in der wäßrigen Phase, lassen sich aber mit entsprechenden Emulgatoren ohne Probleme auch in organische Lösungsmittel einarbeiten.

Bei unreiner Haut können 2 bis 3 Tropfen des Konzentrats in den feuchten Händen verrieben und in die betroffenen Hautstellen einmassiert werden – eine Anwendung, die sich vielleicht auch bald in der prä- und postoperativen Hautdesinfektion bei kleineren chirurgischen Eingriffen durchsetzen könnte: An der Universität von São

Paulo, Brasilien, wurde Grapefruitkernextrakt als Hautdesinfizienz gegen eine Reihe anderer Präparate getestet. Als präoperative chirurgische Handwäsche erwies sich Grapefruitkernextrakt nach einminütiger Einwirkzeit zu 100 Prozent und handelsübliche chirurgische Seife zu 98 Prozent wirksam, während Alkohol nur zu 72 Prozent effektiv war. Eine ständig zunehmende Anzahl von Hautkliniken und Kosmetikstudios verwendet den Extrakt daher zur Desinfektion von Gesicht und anderen Hautarealen.

Diese Wirkung kann auch bei kleineren Verletzungen durch die Naßrasur genutzt werden: Einige Tropfen werden unter den Rasierschaum gemischt oder die Wunden mit einer verdünnten Lösung des Extrakts abgetupft. Als After-shave-Zusatz bietet der Extrakt eine gute antiseptische Versorgung nach der Rasur.

Die erwähnten Verwendungsmöglichkeiten sind nur als Vorschläge zu verstehen; der Einsatzbereich des Grapefruitkernextrakts kann beliebig erweitert werden. Weitere Anwendungsgebiete wären zum Beispiel seine Verarbeitung in zahnpflegenden Kaugummis, Reinigungsprodukten für Zahnprothesen, in der Babypflege, in Lippenstiften und Nagellacken.

In Amerika hat dieses wirksame Naturprodukt auf dem Kosmetiksektor bereits große Bedeutung erlangt. Grapefruitkernextrakt wurde von der FDA (Food and Drug Administration, USA), dem amerikanischen Analogon zu unserer Arzneimittelbehörde, für kosmetische Zubereitungen und zur Desinfektion von Lebensmitteln zugelassen. Die CTFA (The Cosmetic, Toiletry and Fragance Association, USA) ist Herausgeberin des für jeden Hersteller verbindlichen Wörterbuchs der kosmetischen Zusätze *(Cosmetic Ingredient Dictionary).* Sie hat Grapefruitkernextrakt ebenfalls als kosmetischen Zusatzstoff zugelassen und als »Grapefruit Seed Extract« gekennzeichnet.

Die Anwendung
... bei Tieren und Pflanzen

Das Anwendungsgebiet von Grapefruitkernextrakt ist nicht auf den Menschen beschränkt, auch Tiere und Pflanzen können von dem breiten Wirkspektrum dieses Extrakts profitieren. Das ist nicht nur für das geliebte Haustier wichtig, sondern auch für die Landwirtschaft von großem Vorteil.

Anwendungsmöglichkeiten bei Haustieren

Alle therapeutischen Erkenntnisse, die für GKE beim Menschen gewonnen wurden, lassen sich natürlich auch auf die Behandlung kranker Tiere anwenden. Auch hier ist der Einsatz bei verschiedenen Mikroorganismen erfolgreich: zur Desinfektion von Wunden, zur Behandlung von Entzündungen und vorbeugend zur Stärkung der Immunlage. Ist das Tier zum Beispiel leicht verletzt, zeigt es Bißwunden oder Kratzspuren, ist GKE eine gute Erste Hilfe. Günstig hat sich für solche Fälle GKE als Spray oder bei nässenden Wunden in Puderform erwiesen.

Viele Beobachtungen bestätigen, daß gerade in der Tiermedizin die Dosierung besonders einfach zu handhaben ist – vor allem deswegen, weil auch bei relativ starker Überdosierung anscheinend kaum unerwünschte Nebenwirkungen auftreten.

Trotzdem gibt es inzwischen allgemeine Richtlinien, die sich in der Behandlung kranker Tiere bewährt haben. Als Faustregel gilt: pro Pfund Körpergewicht zirka 1 Tropfen GKE in flüssiger Form. Diese Empfehlung gilt für Tiere mit bakteriell-, viral-, parasitär- oder pilzbedingten inneren Erkrankungen.

Zur äußeren Behandlung zum Beispiel bei Hautpilzen oder bakteriellen Hautinfektionen kann eine Lösung mit zirka 30 Tropfen GKE auf einem Liter Wasser wahre Wunder bewirken. Zur Behandlung des Fells reichen ein paar Tropfen unter das Shampoo gemischt aus, um krankheitserregende Mikroorganismen weitgehend zu beseitigen.

GKE als Breitbandtherapeutikum dient aber nicht nur der Hauskatze oder dem Hofhund, auch die gefiederten Hausgenossen kommen in den therapeutischen Nutzen. So lassen sich zum Beispiel innere Parasiten, die bei Wellensittichen, Kanarienvögeln und Papageien doch sehr häufig vorkommen, gut therapieren, wenn man etwas GKE in das Trinkwasser gibt.

Immer wenn es um Desinfektion geht, sei es der Vogelkäfig, das Körbchen von Hund oder Katze, ist GKE (20 Tropfen Extrakt auf eine Schüssel Wasser) eine natürliche Alternative. Sogar bei den kleinen, stillen Freunden im Aquarium, den Fischen, kann GKE sinnvoll zum Einsatz gebracht werden. Wenn die Aquariumscheiben bei der regelmäßigen Reinigung mit GKE behandelt werden, kann der Extrakt gegen Veralgung schützen.

Bei Tieren läßt sich ebenfalls ein GKE-Spray einsetzen. Aus Australien wurde uns berichtet, daß damit eine Reihe von Hautleiden – Flohallergie, allgemein Dermatitis und kleinere Infektionen des Fells leicht behandelt werden können.

Einsatz in der Mastviehhaltung

Aufgrund seiner antiseptischen Wirkung kann der Grapefruitkernextrakt auch in der Massentierhaltung eine besondere und wichtige Rolle spielen. Denn gerade die Mastviehhaltung in landwirtschaftlichen Betrieben bietet leider immer auch günstige Nährböden für pathogene Keime, die in der Folge Erkrankungen und damit Zuchtausfälle sowie wirtschaftliche Nachteile mit sich bringen. Aus die-

Mit Grapefruitkernextrakt gegen gefürchtete Seuchen
In den USA konnte bei einem klinischen Versuch der Nachweis erbracht werden, daß GKE in einer Verdünnung von 1 zu 10 sogar die gefürchteten Erreger der Maul- und Klauenseuche, der Afrikanischen Schweinepest und des Schweinerotlaufs in Minutenschnelle vernichten kann.

sem Grund wurden bis vor wenigen Jahren Antibiotika sehr großzügig und prophylaktisch in Ställen eingesetzt – mit zweifelhaftem Erfolg. Heute wird der Einsatz von Antibiotika bei Rindern und Schweinen sehr streng kontrolliert. Aus wirtschaftlichen, hygienischen und gesundheitlichen Gesichtspunkten spricht hier vieles für eine prophylaktische Behandlung mit GKE. Für den Endverbraucher besonders interessant ist dabei die Tatsache, daß mit dieser natürlichen Medikation auch keinerlei chemische Rückstände im Fleisch der Masttiere abgelagert werden. Die landwirtschaftliche Tierhaltung würde mit GKE nicht nur leichter und gesundheitsbewußter, sondern auch ertragreicher.

Auch die Pflanzenwelt profitiert

Parasiten gibt es aber nicht nur bei Menschen und Tieren, auch Pflanzen sind ein Opfer dieser Schmarotzer. Blattläuse zum Beispiel kennt jeder. Sie sind eine bekannte und sehr hartnäckige Sorte dieser Schädlinge. Nach einer zweitägigen Therapie mit einem GKE-Spray zur äußeren Anwendung konnten in einem Versuch diese lästigen Parasiten zum Verschwinden gebracht werden.

Schädlingsbekämpfung im kleinen wie im großen ist seit jeher ein zentrales Thema in der Landwirtschaft. Verschimmelte Tomaten und verrottete Kartoffeln sind nur zwei Beispiele, die zum Eingreifen zwingen. Mikroorganismen sind auch hier am Werk und verderben die Ernte. Gärtner, Landwirte und Winzer wollen sich damit nicht einfach abfinden. Um den Ertrag zu sichern, ertönt folglich immer wieder der Ruf nach optimaler Schädlingsbekämpfung. Am besten natürlich mit relativ unschädlichen Mitteln.

Der Einsatz von Grapefruitkernextrakt ist bei vielen Pflanzenkrankheiten denkbar, zum Beispiel bei Birnenschorf, Salatfäule, Weizensteinbrand, Pfirsichkräuselkrankheit, Kohl- und Spinatmehltau, um nur einige zu nennen. Für genauere Dosierungsmodalitäten und Anwendungsmöglichkeiten wird sich in Zukunft wahrscheinlich gerade die biologisch-dynamisch ausgerichtete Landwirtschaft bemühen. Die Aussichten sind gut: Erst kürzlich haben Laborprüfungen ergeben, daß sich der Extrakt nicht in Böden anreichert. Damit bietet sich der biologische GKE als eine sehr effektive und zugleich aber auch umweltschonende Lösung an.

Die Anwendung … begleitend zur homöopathischen Behandlung

1796 ist gewissermaßen das Geburtsjahr der Homöopathie. In diesem Jahr veröffentlichte Samuel Hahnemann, der Begründer dieser Therapie, die Ergebnisse seiner ersten aufsehenerregenden und – medizinhistorisch gesehen – revolutionären Versuche. Hahnemann, 1755 als Sohn eines Porzellanmalers in Meißen geboren, war Doktor der Medizin und nahm seinen Beruf sehr ernst. Er war aber ein erbitterter Gegner der zu seiner Zeit gebräuchlichen Methoden: »Aderlassen, Temperiermittel, laue Bäder, verdünnende Getränke, ermattende Diät, Blutreinigungen und ewige Laxanzien sind der Zirkel, worin sich der Mittelschlag der deutschen Ärzte unablässig herumdreht«, so Hahnemann. Aus diesem Grund versuchte er eine neue Heilmethode bzw. Arzneimittel zu entwickeln, die den Patienten helfen, ohne sie mit schweren Nebenwirkungen zu belasten. Obgleich die Homöopathie von jeher sehr kontrovers diskutiert wurde, erfreut sie sich heute großer Beliebtheit in weiten Kreisen der Bevölkerung und der Ärzteschaft.

Die Homöopathie ist eine Arzneimitteltherapie ganz besonderer Art. In ihr gibt es weder »Anti«biotika, »Anti«hypertonika oder »Anti«rheumatika, sondern Reiz- und Umstimmungsmittel, die den Organismus zur Selbstheilung anregen. Diese Wirkstoffe werden auch nur in kleinsten Mengen verabreicht, um den Körper nicht durch eine chemische, fremde Substanz und deren Nebenwirkungen zu belasten. Es geht vielmehr darum, mit Hilfe des Arzneimittels eine Information zu übermitteln, die der Körper für die Heilung benötigt.

Auch die Prinzipien zur Arzneimittelherstellung unterscheiden sich grundsätzlich von denen anderer Therapieverfahren: In der Phytotherapie, der Pflanzenheilkunde, werden Pflanzen bzw. Wirkstoffe aus Pflanzen daraufhin untersucht, welche Wirkungen sie haben. Der Thymian wirkt schleimlösend, Baldrian beruhigend und Kamille entzündungshemmend – nur um einige Beispiel zu nennen. Dementsprechend werden diese Pflanzen bei Husten (Thymian), Schlaflosigkeit (Baldrian) und Magenschleimhautentzündungen (Kamille) verwendet. Im Gegensatz dazu beruht die Gabe von homöopathischen Arzneimitteln auf der Beobachtung, daß ein und derselbe Stoff entgegengesetzte Wirkungen haben kann, je nachdem, ob er in hoher oder niedriger Dosierung eingenommen wird: Während beispielsweise ein oder mehrere Tassen Kaffee anregend wirken und – bei den meisten Menschen zumindest – den Schlaf beeinträchtigen, ist die homöopathische Arznei »Coffea« ein Mittel gegen Schlaflosigkeit. Ein anderes Beispiel: Wer schon einmal eine Zwiebel geschält und zerschnitten hat, kennt die leidige Wirkung der Inhaltsstoffe: akuter Fließschnupfen und tränende Augen. Die homöopathische Aufbereitung aus der Zwiebel (Alium) hingegen kann bei Patienten mit Schnupfen erfolgreich zum Einsatz gebracht werden.

Diese sogenannte Ähnlichkeitsregel umschrieb Samuel Hahnemann, der Begründer der Homöopathie, mit den Worten: »Um sanft, schnell, gewiß und dauerhaft zu heilen, wähle eine Arznei, die ein ähnliches Leiden erregen kann, wie sie heilen soll.«

Voraussetzung für die Anwendung homöopathischer Arzneimittel ist somit die genaue Kenntnis ihrer Wirkungen beim gesunden Menschen. Hahnemann führte aus diesem Grund umfangreiche und systematische Arzneimittelprüfungen an sich selbst und an freiwilligen, gesunden Versuchspersonen durch. Die wohl bekannteste Arzneimittelprüfung ist der Chinarindenversuch. 1790 übersetzte Hahnemann die Arzneimittellehre des gerade verstorbenen Edinburgher Professors William Cullan. Dieser schrieb darin, daß die bekanntermaßen heilende Wirkung der Chinarinde bei Malaria auf ihre magenstärkenden Bitterstoffe zurückzuführen sei. Diese Annahme hielt Hahnemann für falsch und beschloß, im Selbstversuch die Wirkung von Chinarinde genauer zu erforschen. Er nahm mehrere Tage lang zweimal täglich ca. 15 Gramm Chinarinde zu sich und beobachtete in der Folge einige Symptome, die ihn an einen früher aufgetretenen Wechselfieberanfall erinnerten. Und er schloß daraus, daß dieser Wirkstoff bei Malaria »vorzüglich durch eine Erregung eines eigenen kurzdauernden Fiebers« wirkt und nicht durch die angebliche Magenstärkung. Weitere Arzneimittelprüfungen folgten und bestärkten Hahnemann in der Überzeugung, daß ein Präparat, daß am Gesunden bestimmte Krankheitssymptome hervorrufen kann, am Kranken mit ähnlichen oder gleichen Beschwerden als Heilmittel wirksam ist.

Erst später entdeckte Hahnemann ein weiteres Prinzip, das als »Potenzierung« in die Medizingeschichte eingegangen ist. Ein Arzneimittel wird potenziert, indem der Ausgangswirkstoff – die sogenannte Urtinktur – in bestimmten Verhältnissen stufenweise mit einem Lösungsmittel, zum Beispiel ein Alkohol-Wasser-Gemisch, verdünnt wird: Ein Teil Urtinktur plus neun Teile Lösungsmittel ergibt die erste Dezimalpotenz, kurz D1 genannt. Wiederum ein Teil aus dieser Mischung plus neun Teile Lösungsmittel ergibt D2 und so fort. Entscheidend ist, daß die Lösungen oder das Pulver nicht einfach vermischt, sondern sorgfältig verschüttelt oder verrieben werden. Hahnemann nannte diesen Vorgang auch Dynamisierung, da sich nach seiner Vorstellung die verborgenen dynamischen Kräfte des Wirkstoffes auf diese Weise erst richtig entfalten.

In den darauffolgenden fast zweihundert Jahren wurden noch unzählige Arzneimittelprüfungen durchgeführt. Die Homöopathie breitete sich über die ganze Welt – von Amerika bis Indien – aus, und die Erfahrung im Umgang mit homöopathischen Wirkstoffen wurde durch klinische Studien untermauert.

Die Anwendung von homöopathischen Arzneimitteln erfordert jedoch nicht nur eine große Erfahrung und ein umfangreiches Wissen auf seiten des Arztes, sie ist auch von der Mitarbeit des Patienten abhängig. Die »Dynamis«, die geistartige Lebenskraft, die von dem homöopathischen Wirkstoff auf den Patienten übergeht und um so stärker ist, je höher die Arznei potenziert wurde, kann leicht durch äußere Einflüsse beeinträchtigt und zerstört werden. Nicht nur der Genuß von Kaffee, Schwarztee, Pfefferminztee, Nikotin oder Alkohol, auch der Gebrauch von aromatisierter Zahnpasta kann die Wirksamkeit der homöopathischen Hochpotenzen zunichte machen. Der Patient sollte daher während einer Behandlung mit Homöopathika auf alle scharfen Genußmittel verzichten. Milch, Wasser und Fruchtsäfte bieten sich als Alternative an. Anstelle der meist Menthol- oder Pfefferminzaroma enthaltenden Zahnpflegemittel kann der Patient auf eine Zahnpasta mit Grapefruitkernextrakt (z. B. Citridental®) ausweichen. Andere GKE-haltige Zahncremes wie zum Beispiel NutriBiotic®-Zahncreme enthalten leider auch ätherische Öle und sind Homöopathie-unverträglich.

Zu schaffen machen Homöopathen und Patienten zuweilen auch banale Infektionen, die gerade zu Beginn einer sogenannten Konstitutionstherapie auftreten können. Da die meisten konventionellen Präparate die Homöopathiegabe stören können, bietet sich hier auch GKE als Mittel der Wahl an. Nachgewiesenermaßen wird die Wirksamkeit von Homöopathika nicht durch GKE beeinträchtigt.

Anhang

Anbieter von Grapefruitkernextrakt und -produkten in Deutschland

Die folgende Liste enthält (alphabetisch geordnet) diejenigen Anbieter, die dem Autor nach gründlicher Recherche bekanntgeworden sind. Diese Anbieter wurden angeschrieben und um die Beantwortung von Fragen zu den von ihnen vertriebenen Produkten gebeten. Bedauerlicherweise haben eine Reihe von Anbietern nicht reagiert, so daß sie nur namentlich aufgeführt werden. Andere Anbieter versprachen zwar die Zusendung von Gutachten, die die Rückstandsfreiheit ihrer Produkte bestätigen sollten, kamen diesem Versprechen allerdings nicht nach. Bei diesen Anbietern wurde beim Nachweis »fehlen« notiert. Wiederum andere Anbieter legten Gutachten vor, die zumindest angezweifelt werden können, die Bewertung der Gutachten erfolgt in der Spalte »Bemerkungen«.

Firma/Händler	*GKE-Produkte*	*Frei von*			*Liegen entsprechende Analysen für alle 3 Stoffe vor?*	*Gutachten erstellt von*	*Bemerkungen*
		Benzethonium-chlorid	*Triclosan/Irgasan*	*Benzalkonium-chlorid*			
Abraxas-Versand H. Mergenthaler Postfach 29 53578 Windhagen Tel. (02645) 4174	Grapefruitkern-extrakt flüssig und diverse Kosmetika mit GKE-Zusatz	ja	ja (lt. Hersteller-angaben)	ja (lt. Hersteller-angaben)	ja	Dr. Fintelmann & Dr. Meyer, Handels- und Umweltschutz-laboratorien GmbH, Hamburg (Febr. 1998)	Untersucht wurde Grapefruitkern-extrakt der RMC Überseehandel GmbH mit der Bezeichnung »DF-100«
CEBO-Trading Aarauer Str. 56 CH-5115 Schinznach-Bad Tel. +41 (56) 4501750	Grapefruitkern-extrakt flüssig und in Tablettenform. Komplette Kosmetiklinie mit GKE-Zusatz und GKE-Zahngel	ja	ja	ja	ja	Bremer Umwelt-institut (Febr./März 1998) Kantonales Laboratorium Basel (Dez. 1997)	Ist der General-vetrieb der Sanitas GmbH in der Schweiz
Cipasan-Produkte C. Küstermann Höllhäuser Weg 36 76534 Baden-Baden Tel. (07221) 994714	Grapefruitkern-extrakt flüssig und in Tablettenform	ja	ja	keine Angaben	ja	Bremer Umwelt-institut (Dez. 1997)	

GreenPower Naturprodukte B.V. Economiestr. 39 NL-6433 KC Heerlen-Hoensbroek Tel. +31 (45) 5630063	Grapefruitkernextrakt flüssig, als Pulver und in Tablettenform	ja	ja	keine Angaben	ja	Bremer Umweltinstitut (Nov./Dez. 1997)	
Hannes Pharma/ Teotihuacan Hohenbrunner Str. 25 80825 München Tel. (089) 45493711	Grapefruitkernextrakt flüssig und in Tablettenform	nein	nein	keine Angaben	nein		Anonyme Produktspezifikation: Grapefruitkernextrakt-Lösung »Dieses Produkt enthält Benzethoniumchlorid«
HGS-Versand M. Ruschemeier Luitpoldquelle 10 97080 Würzburg Tel. (0931) 92523	Grapefruitkernextrakt flüssig und in Tablettenform; GKE-Spray -Puder, -Zahncreme	ja	ja	keine Angaben	ja	Bremer Umweltinstitut (Febr. 1998)	
H. Klein Fachgroßhandel Holderbuschweg 45 74193 Schwaigen-Massenbad Tel. (07138) 8360	Grapefruitkernextrakt flüssig, als Pulver und in Tablettenform	ja	ja	keine Angaben	ja	Bremer Umweltinstitut (Dez. 1998)	

Firma/Händler	*GKE-Produkte*	*Frei von*			*Liegen entsprechende Analysen für alle 3 Stoffe vor?*	*Gutachten erstellt von*	*Bemerkungen*
		Benzethonium-chlorid	*Triclosan/ Irgasan*	*Benzalkonium-chlorid*			
Magic Colors Bahnhofstr. 1 34308 Bad Emstal Tel. (05624) 925796	Grapefruitkern-extrakt flüssig und in Tablettenform; diverse Kosmetika mit GKE-Zusatz	ja	ja	ja	ja	Bremer Umweltinstitut (Febr./ März 1998)	
Medafarm AG K.-Pfeiffer-Str. 4 CH-4142 Münchenstein 1 Tel. +41 (61) 4114232 ***Vertretung für Deutschland:*** Brigitte-Versand Johannesstr. 118 73614 Schorndorf Tel. (07181) 73292	Grapefruitkern-extrakt flüssig, als Pulver, als Tablette und als Kapsel; diverse Kosmetika mit GKE-Zusatz	ja	ja	ja (lt. Angaben des US-Herstellers)	nein	Bremer Umweltinstitut (1998); nach Aussage des amerikanischen Herstellers enthält das GKE kein Benzalkonium-chlorid	

Sanitas GmbH Beller Str. 5a 32839 Steinheim Tel. (05233) 93899	Grapefruitkernextrakt flüssig und in Tablettenform; außerdem Zahngel und diverse medizinische Kosmetika mit GKE-Zusatz	ja	ja	ja	ja	Bremer Umweltinstitut (März 1998)	Nachdem in diversen Chargen von Citricidal der Firma BioChem Research und DF-100 der Firma Chemi Research Benzethoniumchlorid und auch Irgasan gefunden wurden, stellt Sanitas seit 1997 einen eigenen GKE in Deutschland her, der regelmäßig überprüft wird
Terrapharm W. Terhardt Postfach 1204 91312 Höchstadt Tel. (09193) 3711	Grapefruitkernextrakt flüssig und in Tablettenform	ja	ja	ja	ja	Bremer Umweltinstitut (März 1998)	
Tierra Verde Postfach 8128 72742 Reutlingen Tel. (07121) 478190	Grapefruitkernextrakt flüssig und in Tablettenform; diverse Kosmetika mit GKE-Zusatz	ja	ja	keine Angaben	fehlen	keine Angaben	

Firma/Händler	*GKE-Produkte*	*Frei von*			*Liegen entsprechende Analysen für alle 3 Stoffe vor?*	*Gutachten erstellt von*	*Bemerkungen*
		Benzethonium-chlorid	*Triclosan/Irgasan*	*Benzalkonium-chlorid*			
Richard Weigerstorfer GmbH Liebigstr. 4 93055 Regensburg Tel. (0941)793842	Grapefruitkern-extrakt flüssig, als Pulver, als Tablette und als Kapsel; diverse Kosmetika mit GKE-Zusatz	ja	ja (lt. Hersteller-angaben)	ja (lt. Hersteller-angaben)	ja	IBA-Privates Institut für biologisch-chemische Analytik GmbH, Poccking (Dez. 1997)	
Dr. Joseph Vitalis Natural Products Essential Oils Christoforusstr. 5 I-39031 Bruneck Tel. +39 (474) 554726	Grapefruitkern-extrakt flüssig und eingearbeitet in diverse Kosmetika	ja (lt. eigenen Angaben)	ja (lt. eigenen Angaben)	keine Angaben	nein	Eigene Untersuchungen sind noch nicht abgeschlossen	Verweist auf eine eventuelle Ähnlichkeit des Wirkstoffs in GKE mit synthetischem Benzethonium-chlorid

Zusammensetzung von Grapefruitkernextrakt-Lösung und -Tablette

Das deutsche Unternehmen Sanitas GmbH (das einzige, das bis Redaktionsschluß anhand aktueller Laborergebnisse und Gutachten die Rückstandsfreiheit seiner Produkte garantieren konnte) gibt für seine Produkte folgende Zusammensetzung an:

Grapefruitkernextrakt (CitroBiotic®, Citricidal 33)

Inhaltsstoffe	Bioflavonoidkomplex aus Grapefruitkernen und weißen Schalenanteilen Ascorbinsäure Glyzerin

Physikalische Eigenschaften der Grapefruitkernextrakt-Lösung

Viskosität	hochviskös
Farbe	zitronengelb
Dichte	1,226 g/cm^3 bei 25 Grad Celsius
pH	zwischen 3 und 4
Löslichkeit	löslich in Wasser und Ethanol, unlöslich in Aceton, Dichlormethan und fetten Ölen

Chemische Beschreibung: Polyphenolkomplex

Der Grapefruitkernextrakt ist frei von Benzethoniumchlorid, Triclosan sowie chlororganischen und phosphororganischen Pestiziden!

Literatur

Balz, R., Ätherische Öle, Heilkräftige Essenzen. Aitrang, 1. Auflage 1994

Bio Research Laboratories, Inc., Redmond, USA, Biodegradability of Citricidal Liquid (Batch 2012). August 31, 1994

Brigham Young University, Provo, Utah, Evaluation Report of the Inhibitory Properties of Citricidal™. September 20, 1990

Braverman, J. B. S., Citrus Products Chemical Composition and Chemical Technology. London, New York 1949

Citricidal Grapefruit Seed and Pulp Extract

Franke, G., Nutzpflanzenkunde, Nutzbare Gewächse der gemäßigten Breiten, Subtropen und Tropen. Stuttgart, New York 1981

Sanitas GKE-Versand: Was bedeutet GKE? Steinheim

Grapefruit Seed Extract, A Natural Antimicrobial? Offprint 4, Beyond nutrition, Press 27, Old Gloucester Street, London WC 1N 3XX

Great Smokies Diagnostic Laboratory, Asheville, North Carolina, Effects of Citricidal™ – Against Salmonella choleraeslus in vitro

Great Smokies Diagnostic Laboratory, Asheville, North Carolina, Effects of Citricidal™ – Against Salmonella typhimurium in vitro

Great Smokies Diagnostic Laboratory, Asheville, North Carolina, Salmonella Trial Evaluation of the Effect of Citricidal™ on Chicken Carcasses. 6,7/1988

Hume, H. H., Citrus Fruits, Revised Edition of The Cultivation of Citrus Fruits. New York 1957

Institut Pasteur, Paris, In Vitro Study of The Inactivation of HIV by Citricidal™ – Preliminary Testing by Institut Pasteur

Ionescu, G., Kiehl, R., Wichmann-Kunz, F., Williams, C., Bäuml, L., Levine, S., Oral Citrus Seed Extract in Atopic Eczema: In Vitro and In Vivo Studies on Intestinal Microflora. Journal of Orthomolecular Medicine, Third Quarter, 1990, Bd. 5, Nr. 3

Kayser, F. H., Bienz, K. A., Eckert, J., Lindenmann, J., Medizinische Mikrobiologie. Stuttgart, New York, 7. überarb. und erw. Auflage 1989

Linsken, H. F., Jackson, J. F., Fruit Analysis – Modern Methods of Plant Analysis. Bd. 18. Berlin, Heidelberg 1995

Northview Pacific Laboratories, Inc., Berkeley, USA, USP Preservative Challenge Test Methylparaben 0,2 %, Citricidal™ 0,2 %. 6/1995

Rehm, S., Espig, G., Die Kulturpflanzen der Tropen und Subtropen. Stuttgart 1976

Sanitas Biologische Nahrungsergänzungs- und Heilmittel GmbH, NutriBiotic® Informationen zum Original. Steinheim

Sharamon, S., Baginski, B. J., Das Wunder im Kern der Grapefruit. Aitrang 1996

Stange, R. R., Midland, S. L., Eckert, J. W., Sims, J. J., An antifungal compound produced by grapefruit and Valencia orange after wounding the peel. J-Nat-Prod. 1993 56(9): 1627–9

Steinegger, E., Hänsel, R., Pharmakognosie. Berlin, Heidelberg 1992

The Third Opinion. Petaluma CA 94952, Bd. 1

The University of Georgia College of Agriculture, Department of Poultry Science, Athens, Georgia, Inhibitory Effect of Citricidal™ Against Lysteria monocytogenes. 2/1989

Uhlenbrock, S., Grapefruitkernextrakt – natürlich gut für alles? Pharmazeutische Zeitung, 1996, 141(42): 3882–86

Valley Microbiology Services, Palo Alto, California, Citricidal™ – Determination of Inhibition of Gardia lamblia. 11/1991

Valley Microbiology Services, Palo Alto, California, Citricidal™ – Inhibition of Growth of Chlamydia trachomatis. 9/1991

Valley Microbiology Services, Palo Alto, California, Citricidal™ – Inhibition of Growth of Campylobacter jejuni and Helicobacter pylori. 7/1991

Valley Microbiology Services, Palo Alto, California, Citricidal™ – Inhibition of Growth of Shigella dysenteria. 9/1991

Valley Microbiology Services, Palo Alto, California, Inhibition of Growth of Vibrio Cholerae. 11/1991

Valley Microbiology Services, Palo Alto, California, Inhibitory Effects of Citricidal™ against Legionella pneumophila

Register